U0932586

快乐成长·法律相伴

The First Law Story Book

代晓琴◎著

5分钟法律故事

—— 青少年 ——

维权篇

双色插图本

【第二版】

中国法制出版社
CHINA LEGAL PUBLISHING HOUSE

前言

5分钟很短，我们或在发呆中度过，或在等待中度过……一天中有很多5分钟在不经意间溜走，如果我们能从中抽出一个5分钟来阅读，养成阅读习惯，必将受益终身。

全民普法和守法是依法治国的长期基础性工作，坚持从青少年抓起，把法治教育纳入国民教育体系，引导青少年从小掌握法律知识、树立法治意识、养成守法习惯，是当前普法工作的重中之重。青少年要怎样预防犯罪？受到不公正待遇时如何维权？要怎样拿起法律武器保护自己？《民法典》颁布以后，我们的权利和义务发生了哪些变化，也是一个值得了解和深思的问题。

此刻，阅读普法书籍显得尤为必要。然而，一味苦读法律条款未免枯燥，也不适合青少年的年龄特征，更难以触动他们的心灵。故事，是一种喜闻乐见的文学表现手段，更是我们钟爱的阅读形式之一。

这套《5分钟法律故事（第二版）》按内容分为维权篇、警示篇、自护篇共3册，除了保留第一版故事性的优势之外，还从《民法典》的角度诠释案例，给读者普及最新的法律知识。笔者力求在不给学习增加负担的前提下，让读者在每天5分钟的空隙时间轻松阅读，潜移默化地知法、懂法、守法，以此预见性地避免、减少犯罪几率，并让青少年学会善于运用法律法规维护合法权益。

笔者真诚希望翻开这套书的小读者们能在快乐、轻松的阅读氛围中，增强法律意识、提高法律素养，让本书为你们的健康成长保驾护航。

现在，让我们翻开它，一起来读！

代晓琴

2020年11月1日

目录

1. 发生在人行横道上的车祸

人行横道是行人安全通过道路的生命线，也是行人的法定路权。长期以来，行人都遵守“红灯停、绿灯行”的交通规则，以此保证生命安全。雨荷读初三，是个守规矩的孩子，但一个月前在人行横道上出了车祸。

雨荷出事那天下午，天阴沉沉的，没有一丝云彩，像给大地罩上了一口密不通风的玻璃罩，让人透不过气儿来。放学后，雨荷途经十字路口，恰逢绿灯亮起，于是她赶紧踏上人行横道，准备过马路。

这时，一辆奥迪汽车疾驰而来。奥迪车不容雨荷有半点儿思想准备，刹那间把她撞飞……醒来时，雨荷发现自己躺在医院里，动弹不得。

“孩子，你身上多处骨折，恐怕得住很长一段时间医院。”雨荷的父母守在床边，心痛地说。

“马路对面亮着绿灯，我没有不遵守交通规则……家里没那么多钱，我的住院费就找那个肇事司机要吧！”懂事的雨荷想到家里本不富裕，唯恐住院费用没着落，便赶紧提醒父母。

父母摇摇头，一脸苦闷。

“难道肇事司机逃跑了？”雨荷大吃一惊。

“没有，但……”父亲欲言又止。

“肇事司机拒绝赔偿你的治疗费。”出事后，肇事司机送雨荷进了医院，但他以自己的车向右拐弯不受红绿灯约束为由，拒绝赔付雨荷的医疗费。

“但我也严格遵守交通秩序了呀。”雨荷觉得很委屈。父母见状，心里更加难过，一想到高额的医疗费没着落，就做出了再找肇事司机理论的决定。

“我国《道路交通安全法实施条例》第三十八条第三款规定，红灯亮时，右转弯的车辆可以通行。”肇事司机的态度很强硬，还举出“法律条款”来说服雨荷的父母。

雨荷的父母没学过法，是法盲，被肇事司机这么一说，一时之间无言以对，索赔的事暂时搁浅。为了凑足雨荷的医疗费，雨荷父亲不得不多打两份工。但即便他拼命干活，所拿到的工钱对于雨荷的高额医疗费而言，也是杯水车薪。

为此，雨荷母亲来到肇事司机家，希望他能怀着同情心，施舍一些医疗费。可肇事司机以自家经济拮据为由，拒绝了雨荷母亲的恳请。

万般无奈，雨荷父母只得向亲戚朋友伸出求援之手。

“借钱也不是办法，最好的办法还是找肇事司机赔付……”雨荷的大表哥是法律系的高材生。他知情后，决定帮助雨荷一家渡过难关。有了大表哥这句话，雨荷一家看到了希望。

大表哥以雨荷的名义，把肇事司机告上了法庭。

庭审那天，控辩双方进行了激烈的辩论。肇事方认为自己遵守交通法规，没有违规，不应赔偿。原告方以自己是绿灯通行，无过错为由，要求赔付。

“我国《道路交通安全法实施条例》第三十八条第三款规定，红灯亮时，右转弯的车辆可以通行没错，但前提是‘在不妨碍被放行的车辆、行人通行的情况下’……”法庭首先肯定了肇事方的过错。

“平时，我也没认真学法，只是听别人说右转弯可以畅通无阻地前行。”肇事司机意识到自己的过错，但他认为雨荷过马路时也应该避让车辆才对。

“《道路交通安全法》第四十七条第一款规定，机动车行经人行横道时，应当减速行驶；遇行人正在通过人行横道，应当停车让行……根据《民法典》《人身损害赔偿司法解释》之规定，判决被告给付原告医疗费、护理费、交通费、住宿费、住院伙食补助费、营养费等费用共计26990.26元。”法庭依法作出宣判。

雨荷得知胜诉的消息，感到很欣慰，但她不希望悲剧重演，于是问大表哥：“对于右转弯车辆，有没有相关的处罚规定呢？”

“我国《道路交通安全法》第八十八条规定，对道路交通安全违法行为的处罚种类包括：警告、罚款、暂扣或者吊销机动车驾驶证、拘留。第九十条规定，机动车驾驶人违反道路交通安全法律、法规关于道路通行规定的，处警告或者20元以上200元以下罚款。”大表哥笑着说。

“法律秉承生命高于一切的理念，我们应该尊重生命。”雨荷的脸上绽开久违的笑容……

（文中人物均为化名）

法律知识链接

《道路交通安全法》第四十七条规定，机动车行经人行横道时，应当减速行驶；遇行人正在通过人行横道，应当停车让行。

《民法典》第一千一百七十九条规定，侵害他人造成人身损害的，应当赔偿医疗费、护理费、交通费、营养费、住院伙食补助费等为治疗和康复支出的合理费用，以及因误工减少的收入。造成残疾的，还应当赔偿辅助器具费和残疾赔偿金；造成死亡的，还应当赔偿丧葬费和死亡赔偿金。

《最高人民法院关于审理人身损害赔偿案件适用法律若干问题的解释》第十七条第一款规定，受害人遭受人身损害，因就医治疗支出的各项费用以及因误工减少的收入，包括医疗费、误工费、护理费、交通费、住宿费、住院伙食补助费、必要的营养费，赔偿义务人应当予以赔偿。人身损害赔偿的计算标准根据各个案件的特性以及法律相关规定，单独认定。比如医疗费的计算标准，按照受害人的实际损害程度、恢复状况并参照治疗医院出具的证明或者法医鉴定等进行认定。

本故事中，被告人因“机动车行经人行横道，遇行人未让行”酿成车祸，导致雨荷的身体受到侵害，故依律判赔。

2. 无效的承诺

我儿子马上就要上大学，如果我失去这份工作，他怎么办？
现在公司实行机械化作业，我要那么多工人干啥？
你当初不那样说，我也不会签下承诺书。
当时，我只是口头说说而已。你这份承诺书却是白纸黑字明摆着。
用人单位自用工之日起超过一个月不满一年未与劳动者订立书面劳动合同的，应当向劳动者每月支付二倍的工资。
可我根本就没与他签订劳动合同。
用人单位自用工之日起满一年不与劳动者订立书面劳动合同的，视为用人单位与劳动者已订立无固定期限劳动合同。
聪明反被聪明误。

李猜收到大学录取通知书那天，父亲被告知将被公司裁员。母亲体弱多病，全靠父亲赚钱养家，一旦父亲失业，李猜的学费便没了着落。此时，他想起之前公司老板曾承诺让父亲一直干下去，便提议和父亲去公司讨个说法。父亲一听，一脸茫然……

小学毕业后，李猜考入省重点中学。父亲李老汉为了照顾他的饮食起居，到省城找工作。因为没有一技之长，处处碰壁。在走投无路时，一家生产电子产品的公司录用了他。

“公司的经济很不景气，所以待遇相对较低。开工前，我还有一事需你配合……”开工的前一天，公司老板面露难色地对李猜父亲说。

李老汉心想，只要能留下来工作，天大的事都不算事，于是想也没想就答应了。

“只要你签下这份不要公司为你买社保的承诺书，就可以一直在公司干。”老板递给李老汉一份承诺书。由于求工作心切，李老汉违心地签下了承诺书。

“记住，这份承诺书是你自愿签下的，没人强迫。”公司老板阴阳怪气地说。

此后，李老汉留在省城一边照顾儿子李猜的生活起居，一边上班。工资虽低点儿，但也“安居乐业”。

前不久，电子厂实行机械化作业，一大批工人被列入裁员名单，李老汉也在其中。他想不明白自己已兑现了承诺，为什么老板的承诺却可以不算数？

茫然间，父子俩来到公司，找老板理论。

“当时，我只是口头说说而已。你这份承诺书却是白纸黑字明摆着。”老板翻脸不认人。

“你当初不那样说，我也不会签下承诺书。”李老汉觉得自己仿佛吞下了一只绿头苍蝇。

“公司实行机械化作业，光买这些机械就已经花去我好几十万。况且，产品也存在一定程度的滞销……”不等李猜父子往下说，公司老板说了一大堆难处，好像他才是受害者一样。

“我儿子马上就要上大学，如果我失去这份工作，他怎么办？你就看在不用给我买社保的分上，留下我吧……”李老汉近乎哀求地说。

“现在公司实行机械化作业，我要那么多工人干啥？”老板挥挥手，以当初李老汉没和公司签订劳动合同，不受法律保护为由，把他们赶了出来。

李猜越想越不服气，于是把这事告诉了高三的班主任张老师。

“老板只是口头承诺，他现在又矢口否认，难具法律保障。但你父亲的这份承诺书还有文章可以做。”班主任张老师在业余时间爱学点法律，他把这些情况一一分析后，蛮有把握地告诉李猜。

李猜心想，父亲签定的“不买社保”承诺书是父亲自愿签下的，不明白张老师究竟要拿它做什么文章，于是叫父亲拿来了那份承诺书。

几天后，在张老师的帮助下，李猜父子把电子公司老板告上了法庭。

“我才不会输官司！”老板不信自己会被告倒，气焰很嚣张。

“我国《劳动合同法》第八十二条第一款规定，‘用人单位自用工之日起超过一个月不满一年未与劳动者订立书面劳动合同的，应当向劳动者每月支付二倍的工资’。《劳动法》第七十二条规定，‘用人单位和劳动者必须依法参加社会保险，缴纳社会保险费’。……根据相关的法律条款，本庭宣布被告与原告自劳动关系建立之日起，按每月二倍的工资给付原告……并赔偿社保……”听完控辩双方的陈词后，法官作出了公正的裁决。

“可我根本就没与他签订劳动合同。”老板认为未签合同，劳动者就不受法律保护。

“我国新修订的《劳动合同法》第十条第一款规定：‘建立劳动关系，应当订立书面劳动合同。’第十四条第三款把‘用人单位自用工之日起满一年不与劳动者订立书面劳动合同的，视为用人单位与劳动者已订立无固定期限劳动合同’。而‘无固定期限劳动合同，是指用人单位与劳动者约定无确定终止时间的劳动合同’。所以，你不要心存侥幸。”以前，法官也遇到过类似的案件。

“可他已自愿承诺不要社保。”老板还有些不服气。

“《民法典》第四百六十四条规定，合同是民事主体之间设立、变更、终止民事法律关系的协议。你为了掩盖不为原告买社保的‘非法目的’，制定的‘自愿承诺书’仅仅属于你单方面的想法，而不是民事主体之间的协议，不合法。依据我国《民法典》第四百六十五条‘依法成立的合同，受法律保护’的规定，此‘自愿承诺书’理当无效。”法官说起话来有理有据。

“聪明反被聪明误。”老板重重地垂下头。

“法律是公正的，任何人都别想拿它来掩盖自己不可告人的目的。”拨开云雾见晴天，李猜父子心情愉悦地走出法院大门。

（文中人物均为化名）

法律知识链接

《劳动合同法》第十条第一款规定，建立劳动关系，应当订立书面劳动合同。

《劳动法》第七十二条规定，社会保险基金按照保险类型确定资金来源，逐步实行社会统筹。用人单位和劳动者必须依法参加社会保险，缴纳社会保险费。

《民法典》第四百六十四条规定，合同是民事主体之间设立、变更、终止民事法律关系的协议。第四百六十五条规定，依法成立的合同，受法律保护。

本故事中，公司老板的口头承诺难找证据证明“无效”，李猜父亲的书面承诺是公司老板为了掩盖不为劳动者买社保的“非法目的”单方面制定的，而非民事主体之间的合法协议，故依法判定该承诺无效。

3. 让人烦心的礼物

这个新手机根本没办法好好充电。接口接触不良。
这是大姨送的，怎么好再麻烦她呢。算了吧……
手机有瑕疵就该找商家换。我这就打电话过去理论。
可是手机已经过7日退货期了啊。
手机属于耐用商品。自接受这类商品或者服务之日起六个月内发现瑕疵，都可以退换。
你总得提供当时我们商品有瑕疵的证据吧！谁知道是不是你们使用不当造成的呢？
手机属于耐用商品，商家必须提供该手机不存在插孔接触不良的证据，而不是消费者提供证据。
我们拿不出手机出售前没有质量问题的证据。同意退换。

吉美收到大学录取通知书那天，也收到了许多来自长辈的礼物。其中，吉美最喜欢大姨送的名牌手机。记得上高中那会儿，吉美就渴望拥有一部那样的手机，如愿以偿的她甭提有多高兴了。可第二天，烦心事就接踵而至……

那天早上，吉美发现手机快没电了，便拿出充电器充电。这时，她发现手机充电插孔接触不良，以至于一松手就不能充电。

为了能很好地充电，吉美不得不用手按住充电器和手机插孔的接触点。吉美以前的手机虽不是名牌，但从来不为充电的问题焦心。虽然她心里很不舒服，但一想到手机是大姨所送，也就不好说什么了。

吉美尝试着自己想办法解决问题。她先给手机插孔里面垫了一点儿纸，希望问题能得到改善，可一点儿效果也没有。紧接着，她又在充电器与手机插孔的接头部位缠上胶布，结果仍不能解决问题。

吉美想了很多办法，都没能改变手机充电插孔接触不良的问题。无奈之下，她又把手机拿到维修部去修理。令她没想到的是，维修工看了看她的手机牌子之后，面露难色地表示，维修部没有与之相匹配的零配件。

看着心爱的手机不能好好充电，吉美当初得到手机的那股高兴劲儿被一扫而光，再也高兴不起来了。

一晃，半个月过去了。

这天，大姨到吉美家做客。无意中，她发现了吉美新手机的瑕疵。大姨的消费观念很强，认为要买就应买个好的，不能有瑕疵。她决定找商家退换。

吉美想想也是，可她又不想麻烦大姨。

“这款手机是网购产品，我上网问问。”大姨登录手机专卖网站，联系上当时售卖手机的店员，要求退换手机。

“我们店实行‘七日退货’制，你这部手机成交已半个月，恐怕……”对方表示很为难。

大姨再问，对方不理不睬。大姨一气之下，找到网站负责人。

“我们根据《消费者权益保护法》第二十五条的相关规定，实行‘七日退货’制度。你这部手机成交已半个月，我们不可能给你退换。”网站负责人立场鲜明地站在店员一边。

“可我在你们店里买的是手机，手机属于耐用商品。消费者自接受这类商品或者服务之日起六个月内发现瑕疵，都可以退换。”大姨记得之前曾听人说过新《消费者权益保护法》有这样的规定，但一时之间记不清是哪一条了。

“即便如此，你总得提供当时我们商品有瑕疵的证据吧！谁知道是不是你们使用不当造成的呢？”负责人意识到吉美的大姨不简单，于是回复。

吉美见状，急了。

大姨摸摸吉美的头，没再和网站负责人说什么。转而一个电话打到工商局投诉，把事件的前因后果一一道明。

工商局的工作人员核实了吉美所购手机的发票、“三包”凭证后，勒令商家立即给她退换手机。

“她没有购置时手机有瑕疵的证据，凭什么让我们退换？”店主不依不饶。

“根据《消费者权益保护法》第二十三条第一款规定，经营者应当保证在正常使用商品或者接受服务的情况下，其提供的商品或者服务应当具有的质量、性能、用途和有效期限……同时，此法的第三款规定，经营者提供的机动车、计算机、电视机、电冰箱、空调器、洗衣机等耐用商品或者装饰装修等服务，消费者自接受商品或者服务之日起六个月内发现瑕疵，发生争议的，由经营者承担有关瑕疵的举证责任。”工作人员告诉店员，手机属于耐用商品，商家必须提供该手机不存在插孔接触不良情况的证据，而不是消费者提供证据。

以往，消费者要想证明自己所购的商品存在瑕疵，必须拿出证据，店员没想到法律会这样规定，顿时傻眼……由于店员无法提供“售卖时，吉美的手机不存在插孔接触不良”的证据，不得不当场给吉美退换了手机。

《消费者权益保护法》减轻了消费者举证的负担，将消费者“拿证据维权”转换为经营者“自证清白”，这种举证责任倒置的方式，让消费者维权更加便捷。新手机的一切状况都很好，吉美的心情一下子好了起来。而更值得高兴的是，通过这次维权，她长了不少见识。

（文中人物均为化名）

法律知识链接

《消费者权益保护法》第二十五条规定，除特殊商品外，经营者采用网络、电视、电话、邮购等方式销售商品，消费者有权自收到商品之日起七日内退货，且无需说明理由。

第二十三条第三款规定，经营者提供的机动车、计算机、电视机、电冰箱、空调器、洗衣机等耐用商品或者装饰装修等服务，消费者自接受商品或者服务之日起六个月内发现瑕疵，发生争议的，由经营者承担有关瑕疵的举证责任。

本故事中，吉美的手机因为插孔问题要求商家退换，虽然过了“七日退货”的期限，但手机属于“耐用商品”，故根据《消费者权益保护法》之相关规定维权成功。

4. 烦人的噪声

咚咚咚……
天啊，声音好吵！
能不能把声音放小一些！我女儿要复习。
你是我的小呀小苹果……
小雅，你最近是不是没有休息好？
附近广场舞音乐太吵了。爸爸去劝，她们反倒把音量开得更大了……
你安心学习，这事交给我。
夏老师，外面的声音果然小了很多。您用了什么方法？
我报警，替你们维权了。根据规定，你们附近的广场舞曲因为音量过大，所以必须整改。

高考对许多同学而言，或许是改变命运的一次人生考试，也或许是走向成功的第一步，它承载了太多的梦想。高三作为高考的“最后冲刺阶段”和“成败关键期”，对许多即将踏进考场的同学而言至关重要。毋庸置疑，他们都需要一个安静、舒适的学习环境。小雅也上高三，但她却被“噪”得一塌糊涂。

小雅住在乡下，每周周末回一次家，因身体瘦弱，父母每周都会炖汤给她补身子。高三学习任务加重，小雅有时候周日也要留校做功课，很难回一次家。于是父母索性在城里租了一套两居室，全身心地照顾小雅的学习和生活。

开始的时候，小雅每天放学回到出租屋做功课、喝汤，日子过得有条不紊。但渐渐地，小雅变得焦躁不安起来。不为别的，只为在她的租房附近有一个大广场，一到晚上，大妈们便来到广场上跳舞，乐声肆虐，嘈杂无比。

小雅捂住耳朵，不想受到干扰。可广场舞曲像无孔不入的妖魔一样钻进她的耳膜，令她无法集中精力学习。为此，父母把门窗关得严严实实。但因为离广场太近，噪声仍是震耳欲聋。小雅在耳朵里塞进棉花团，才得以清静一小会儿。小雅想一直把棉花团塞在耳朵里，但她很快发现，棉花团塞得过久，耳道会有肿痛之感。很明显，这根本不能解决问题。

为了给小雅一个安静的学习环境，父亲一气之下来到广场，大声喝止跳舞的大妈们。没想到大妈们充耳不闻，还故意加大音量。小雅父亲奈何不了她们，只得垂头丧气地回了家。

因为没有休息好，小雅的脸上出现了两个大大的黑眼圈。这让父母非常痛心，他们合计着重新租房。

“前车之覆，后车之鉴。”这次，小雅父母在找房子的时候，对周边的环境也做了一番仔细的考察。终于，他们觅得一处没有广场、没有大妈跳广场舞的两居室。

新租房的环境比旧租房安静了许多，小雅的学习和生活质量有了很大的提高。可没高兴几天，楼下一家“不夜城迪厅”开张了。迪厅整夜播放着强劲的舞曲，犹如洪水猛兽般入侵着小雅的居住环境，而且比先前的广场舞曲更具“杀伤力”，其音量大得让人心慌，说它要命一点也不为过。

看到女儿的学习受到严重干扰，父亲找到迪厅老板，好言相劝，希望他高抬贵手，能把音量开小点儿。

“我又没到你家去放音乐。我的地盘我做主！”迪厅老板露出一脸横肉，恶狠狠地看着小雅的父亲，仿佛要把他吃掉一般。

“相比之下，广场舞曲的音量稍微小点儿，我们还是搬回去吧。”由于之前的房东还没来得及退款，小雅一家仍然可以回去居住，所以他们一番权衡之后，搬回了原来的出租屋。

忍气吞声的结果，换来了小雅白天的萎靡不振。

“小雅，你最近是不是没有休息好？”班主任夏老师发现小雅的异样，主动找她谈话。

小雅点点头，把这段时间的委屈一股脑儿地说了出来。

“你安心学习，这事就交给我吧！”夏老师微笑着对小雅说。小雅不知道夏老师会怎样处理这件事，想问，却又没好开口。

当天晚上，小雅发现广场舞的音量小了许多，而且时间也缩短了一半。怀着好奇、感激的心理，小雅拨通了夏老师的电话。

“我报警，替你们维权了。”夏老师的语气显得格外轻松。

“这也可以报警？”小雅不明白。人家又没到她家里跳舞，为啥也可以报警维权？

“我国《环境噪声污染防治法》第四十五条规定，禁止任何单位、个人在城市市区噪声敏感建筑物集中区域内使用高音广播喇叭。在城市市区街道、广场、公园等公共场所组织娱乐、集会等活动，使用音响器材可能产生干扰周围生活环境的过大音量的，必须遵守当地公安机关的规定……我市规定广场舞活动一般以白天为主，时间限定在7时以后，20∶30之前，而且音量应控制在60分贝之内。你们附近的广场舞曲因为音量过大，所以必须整改。”夏老师平时喜欢看些法律书，懂的很多。

“谢谢夏老师！将来，我也要用法律帮助那些需要帮助的人。”小雅立下了考取政法学院的志愿。

（文中人物均为化名）

法律知识链接

《治安管理处罚法》第五十八条规定，违反关于社会生活噪声污染防治的法律规定，制造噪声干扰他人正常生活的，处警告；警告后不改正的，处 200 元以上 500 元以下罚款。

《环境噪声污染防治法》第四十五条规定，禁止任何单位、个人在城市市区噪声敏感建筑物集中区域内使用高音广播喇叭。在城市市区街道、广场、公园等公共场所组织娱乐、集会等活动，使用音响器材可能产生干扰周围生活环境的过大音量的，必须遵守当地公安机关的规定。

本故事中，不管是广场舞曲噪声，还是迪厅劲曲噪声，因其严重“干扰他人正常生活”，都属于“违反关于社会生活噪声污染防治的法律规定”的噪声，故必须整改。

5. 大舅“被放假”

厂里现在有难处，
身为老员工要理解。
可大舅的难处
谁来理解。
你大舅没上班，
何来工资？
用人单位应按照劳动合
同规定的标准支付劳动
者工资……
他自己签了自
愿放弃工资的
合同。
订立劳动合同，应当遵循合法、
公平、平等自愿、协商一致、诚
实守信的原则……据此，本庭宣
判“放弃工资”的合同无效……

婷婷的大舅在城郊一家砂石厂上班，那里河沙、石子堆积成山。小时候，婷婷喜欢玩沙，大舅一有时间就带她去厂里玩。上中学后，由于学习任务加重，婷婷再没去过砂石厂。今年高考结束，她突然想去砂石厂重温童年旧梦。可大舅闭口不提砂石厂的事，而且成天唉声叹气……

婷婷觉得这里面一定有蹊跷，但又不好直接问他，便找了一个机会问舅妈，结果了解到：砂石厂因为处于生产淡季，大舅已经被放假两个月了。因为假期没薪水，之前砂石厂给的工资又不高，大舅家无积蓄，一时之间生计也成了问题。

婷婷想起城里一些单位给职工放假，会发放工资，觉得砂石厂的做法有些不妥，便说服舅妈一起去砂石厂理论。

不一会儿，她们就来到了砂石厂。只见厂里仍在作业，但工人却寥寥无几。婷婷和舅妈找到砂石厂厂长，说明来意。

厂长一听，连说现在厂里遇到难处，婷婷的大舅作为老员工，应当作出表率，理解厂里、共渡难关。

“可大舅家的难关谁理解呢？”婷婷一想到大舅家的生计问题，心里就难过。

“《劳动法》第四十六条第一款明确指出，工资分配应当遵循按劳分配原则，实行同工同酬。你大舅没上班，何来工资？”厂长一口回绝了婷婷。

婷婷明白按劳取酬的道理，一时间无言以对，只得和舅妈离开砂石厂。归途中，婷婷心里像打翻了五味瓶……

婷婷一番左思右想之后，把这事告诉了好朋友小芳。小芳的妈妈是一名律师，她了解事情的原委后，建议婷婷的大舅起诉砂石厂进行维权。

大舅老实巴交，觉得毕竟自己在砂石厂工作了近 20 年，不至于扯破脸皮闹上法庭，他希望私底下调解即可。

小芳妈被婷婷大舅的憨厚所感动，决定义务为他提供法律援助。她找到砂石厂厂长，提出让厂方支付婷婷大舅被放假之后第一个月的工资和之后被放假期间基本生活费的解决方案。

“凭什么？”砂石厂老板见小芳妈长得有些瘦弱，不以为然。

“我国《工资支付暂行规定》第十二条规定，非因劳动者原因造成单位停工、停产在一个工资支付周期内的，用人单位应按照劳动合同规定的标准支付劳动者工资……而后，在放假期间，厂里应按照不低于最低工资的 70% 至 80%，向劳动者支付生活费直到复产、复工。”小芳妈说得有板有眼。

砂石厂老板没想到小芳妈竟然这么厉害，愣了半天没回过神儿。良久，他眼珠一转，拿出一份有“自愿放弃工资”字样的合同书，说婷婷大舅已经在上面签字，签字生效就可以不支付工资。

小芳妈要仔细看合同，厂长却藏了起来，还让小芳妈去找婷婷的大舅核实情况。

“大舅家情况那么糟糕，绝对不可能自愿放弃工资待遇！”婷婷插了一句。不过为了保险起见，她们还是找大舅证实情况，没想到大舅竟点头承认了合同的真实性。

“我国《劳动法》第二十条规定，劳动者在同一用人单位连续工作满10年以上，当事人双方同意续延劳动合同的，如果劳动者提出订立无固定限期的劳动合同，应当订立无固定限期的劳动合同。所以，你大可不必心存顾虑。”小芳妈处理过许多类似案件，一看就明白了大舅的心思。

“当时，厂长说如果不签假期放弃工资的合同，复工后就不会签订正式的劳动合同。”大舅释然，说出了心里的担忧。之后，他还联合厂里其他被“放假”的同事一起起诉砂石厂。

“《劳动合同法》第三条规定，订立劳动合同，应当遵循合法、公平、平等自愿、协商一致、诚实信用的原则……据此，本庭宣判‘放弃工资’的合同无效……”法庭根据《工资支付暂行规定》第十二条相关规定，宣判砂石厂支付职工被放假之后第一个月的工资和之后被放假期间的生活费，直至复工。

“谢谢国家，谢谢党关注弱势群体！”拿到钱之后，大舅和同事们露出了欣慰的笑容。

（文中人物均为化名）

法律知识链接

《工资支付暂行规定》第十二条规定，非因劳动者原因造成单位停工、停产在一个工资支付周期内的，用人单位应按照劳动合同规定的标准支付劳动者工资；超过一个工资支付周期的，若劳动者提供了正常劳动，则支付给劳动者的劳动报酬不得低于当地的最低工资标准，若劳动者没有提供正常劳动的，应按国家有关规定办理。其中，“按国家规定办理”，通常是按照不低于最低工资的 70% 至 80%，向劳动者支付生活费直到复产、复工。

《劳动合同法》第三条规定，订立劳动合同，应当遵循合法、公平、平等自愿、协商一致、诚实信用的原则。依法订立的劳动合同具有约束力，用人单位与劳动者应当履行劳动合同约定的义务。

本故事中，大舅因砂石厂的原因“被放假”，虽签下放弃假日期间工资待遇的“合同”，但此合同非自愿，故无效，理应享受国家法律规定的相关待遇。

6. “满百送十”的诱惑

满100元真的会送10元吗？
是的。
满100元送10元
收银台
不是说好“满100元送10元”吗？
这是40元优惠券，和现金一样数额。
他们这是欺骗消费者的行为，可以找消费者协会维权。
对，打电话投诉他们。
这样的广告容易引起歧义，误导消费者……所以，你必须按照广告牌上所写的内容执行！
满100元送10元
好吧……

星期天，美新和美疆相约去逛街。远远地，小姐俩就被一块写着“满 100 元送 10 元”字样的大红色广告牌所吸引。她们没想到还有这样的好事，于是加快脚步往前走……

打广告的是一家新开张的商场，店面虽不大，但商品种类应有尽有。小姐俩正想购置一些日用品，一摸口袋，兜里恰好有一张存着千元压岁钱的银行卡。

“满 100 元真的会送 10 元吗？”为了验证这个消息是否“靠谱”，小姐俩找到服务员，做了进一步核实。服务员肯定地点点头。

“哦耶！”小姐俩相互击掌，兴奋地低吼一声。然后推了一辆购物车，兴高采烈地挑选商品去了。

不一会儿，她俩把洗衣粉、香皂、水杯、毛巾、牙膏、牙刷等一大堆日用品装进了购物车。当她们准备去结账时，服务员笑着提醒：“你们这点儿商品可能还没满 100 元哦。”

小姐俩觉得服务员说得在理，便把购物车里的物品一一拿出来，仔细地清算了一下，共计 98 元。为了凑足 100 元，小姐俩大大方方地拿了两瓶洗面奶。

“算起来差不多将近 200 元，何不凑足 200 元？”服务员告诉她俩，商场“满百送十”大酬宾只限于开张本周，让她俩再想想还有什么需要买的。

小姐俩灵机一动，想起妈妈之前曾说想买一个皮包。于是毫不犹豫地选了一个皮包放进购物车……

结账时，收银员算出小姐俩所选的商品价值共计 403 元。小姐俩一听，心想按照“满百送十”的原则返还的话，应该可以返还 40 元。然而，收银员让她俩刷卡付款之后，并没有返还她们所期望的 40 元现金。

“你是不是忘记了什么？”美新以为收银员忘记了广告牌上“满百送十”的内容，赶紧提醒道。

收银员笑笑，然后递给她俩一张面值 40 元的优惠券。

“不是说好‘满 100 元送 10 元’的吗？”在小姐俩的心中，这次消费应该得到 40 元现金，而不是优惠券。

“优惠券和现金一样，也是价值 40 元的。只不过，优惠券可以让你下一次来商场购买商品的时候消费。”收银员表示这是商场的规定。由于她还要给下一位顾客结账，于是让小姐俩赶紧走人。

顿时，小姐俩有种上当受骗的感觉，她们以广告牌上写着“满 100 元送 10 元”为由，和收银员争吵起来。

由于其他顾客都井然有序地结算购物金额，所以收银员认定这是美新和美疆对广告牌内容的误解。争论不休之时，小姐俩想到退货，但商场工作人员表示她们已经付款，账已入户，即使退货也不能退款。

无奈，小姐俩只得悻悻离开……

回家后，小姐俩把在商场的遭遇一五一十地告诉了妈妈。妈妈没有责备她俩，而是启发她俩：遇到问题，可以找消费者协会维权。

美新和美疆茅塞顿开，一个电话打到市消费者协会。

很快，消协工作人员来到商场。他们查清当时的情况之后，勒令商家按照广告牌上所写“满100元送10元”的标准返还现金。

“打这个广告的目的是吸引人的眼球，并非真的要返还现金。”商家觉得自己做生意也不容易。

“《消费者权益保护法》第二十条第一款规定，经营者向消费者提供有关商品或者服务的质量、性能、用途、有效期限等信息，应当真实、全面，不得作虚假或者引人误解的宣传……你的广告牌只是注明‘满100元送10元’，并未说明返还的是现金还是优惠券，这样的广告容易引起歧义，误导消费者……所以，你必须按照广告牌上所写的内容执行！”消费者协会的工作人员义正词严地说。

“其实，优惠券也是价值40元的。”商家意识到事态的严重性，但还心存侥幸。

“《消费者权益保护法》第二十六条第二款规定，经营者不得以格式条款、通知、声明、店堂告示等方式，作出排除或者限制消费者权利、减轻或者免除经营者责任、加重消费者责任等对消费者不公平、不合理的规定，不得利用格式条款并借助技术手段强制交易……你们发优惠券的做法，涉嫌强制交易。"消费者协会的工作人员斩钉截铁，不留余地。

商家见没有挽回的余地，只得老老实实返给美新和美疆 40 元现金，还把"满 100 元送 10 元"的广告词换成了"货真价实"的字样。

"钱虽少，但维权成功的感觉真好！"拿到钱的小姐俩很高兴，更意识到懂法的重要性。

（文中人物均为化名）

法律知识链接

《消费者权益保护法》第二十条第一款规定，经营者向消费者提供有关商品或者服务的质量、性能、用途、有效期限等信息，应当真实、全面，不得作虚假或者引人误解的宣传。

第二十六条第二款规定，经营者不得以格式条款、通知、声明、店堂告示等方式，作出排除或者限制消费者权利、减轻或者免除经营者责任、加重消费者责任等对消费者不公平、不合理的规定，不得利用格式条款并借助技术手段强制交易。

本故事中，商场的宣传海报只是标明"满 100 元送 10 元"，并没有说明返还的是现金还是优惠券，容易令人误解，故美新和美疆可以要求商场按照宣传海报的内容返还现金。

7. "天价"凤爪

这家人少些，我们在这家吃吧。
凤爪只要20元？那我要两份！再点些小菜。
好嘞，您稍等，马上就好！
什么？要1030元？你们是不是算错了！
上面明明写着凤爪20元一只！你们要了两盘，一共28个，560元明码标价！
啊！
这是欺诈消费者的行为。吊销营业执照，退还非法所得。罚款2000元！

凤爪又叫鸡爪，富含谷氨酸、胶原蛋白和钙质，多吃既能软化血管，同时也具有一定的美容功效。因为价格适中，深受消费者喜爱。高中生白洁喜欢吃凤爪，尤其对泡椒味儿的凤爪爱不释“口”。前不久，白洁吃了一回“天价”凤爪。

春节长假时，白洁和父母选了一个好天气，去 M 风景区旅游。M 风景区里苍松古柏，绿树成荫，是远近闻名的旅游胜地，游客川流不息。中午时分，白洁的肚子饿得咕咕叫，于是便和父母随着人流来到风景区的小吃一条街。由于小吃街人声鼎沸，拥挤不堪，所以他们决定选择一家相对冷清一点儿的店面。

几分钟之后，白洁和父母来到一处相对偏僻的小吃店。这家小吃店的顾客不多，但小吃的品种却应有尽有。从菜谱中，白洁一眼就看到“特色泡椒凤爪 20 元”的字样。平时，白洁吃凤爪都要十几元一份，她没想到风景区也不是很贵，于是向服务员核实：“泡椒味儿的凤爪，是 20 元吗？”

“对。”服务员点点头。

白洁一听，胃口大开，一口气点了两份，父母则点了几个特色小菜。也许是因为走得累了，桌上的菜品很快就被一扫而光。结账的时候，白洁一家被告知消费掉 1030 元。

白洁的父亲一听，以为服务员算错了，于是请服务员重新结算。服务员一口咬定自己没有算错，还让白洁一家立马付款。

在点菜之前，白洁一家仔细地看过价目表，估算了一下消费金额应该不会超出 500 元，不明白为什么总价一下子竟飙升到 1030 元。他们觉得事有蹊跷。

白洁一家猜测服务员可能把别人吃过的菜品错算到他们头上，于是让服务员把他们消费的菜品名目一一罗列出来。结果，服务员所罗列的名目与白洁一家消费的完全契合。奇怪的是，账单中的凤爪被服务员写成了 560 元。

白洁眼睛一亮，立马指出服务员写错了，要求她更正过来。然而，令白洁一家没有想到的是，服务员用极其肯定的语气表示，凤爪的确是 560 元。

“吃之前，我曾向你核实过凤爪的价格是 20 元，你也点头了。可现在，你怎么能反悔呢？”白洁不服气地反问道。

“凤爪是 20 元没错，但我的意思是 20 元一只。你点了两盘，共计 28 个，560 元也没错呀！如果你觉得不合理，可以退货。但这吃下去的东西，你怎么退？”服务员的回答令白洁一时之间无言以对。

“不管是 20 元一份，还是 20 元一只。在我们消费之前，你都应该说清楚。”对此，白洁的妈妈也很生气，她去找小吃店的老板理论。没想到老板带着两个彪形大汉堵在门口，硬要白洁父亲付款后才准离开。

正所谓“好汉不吃眼前亏”，白洁父亲不得不掏钱走人。白洁觉得整件事都是因她爱吃凤爪引起的，心里很难受。

父母见白洁不开心，于是决定去讨个说法。他们拨通了当地物价局的电话，说明事由，并请物价局主持公道。

物价局知情后，派来一名工作人员专门处理此事。工作人员来到小吃店，准备对此次事件做深入调查。没想到小吃店拒不承认自己的过错。

“账单应该可以当作证据吧！”这时，白洁的父亲从兜里拿出一张纸条。大家一看，发现竟是刚才小吃店服务员罗列的账单，上面清清楚楚地标识了这次高额消费的明细。因为字迹与服务员相符，所以小吃店无话可说，承认了事情的真实性。

“根据我国《价格法》第十四条第四项规定，经营者不得利用虚假的或者使人误解的价格手段，诱骗消费者或者其他经营者与其进行交易。”工作人员首先肯定小吃店的做法不对。

“就是嘛，要不是你先前没说清楚，我也不会连点两份。”白洁接过话茬。

“我国《价格法》第四十条规定，经营者有本法第十四条所列行为之一的，责令改正，没收违法所得，可以并处违法所得五倍以下的罚款；没有违法所得的，予以警告，可以并处罚款；情节严重的，责令停业整顿，或者由工商行政管理机关吊销营业执照……按理，小吃店退还非法所得之外，罚款 2000 元。”紧接着，工作人员对小吃店作出了罚款的决定。

“出来旅游，除了多长个心眼儿之外，还必须要有维权意识。”

通过这件事，白洁学到了很多，她和父母继续踏上旅途。

（文中人物均为化名）

法律知识链接

《价格法》第十四条第四项规定，经营者不得利用虚假的或者使人误解的价格手段，诱骗消费者或者其他经营者与其进行交易。

第四十条第一款规定，经营者有本法第十四条所列行为之一的，责令改正，没收违法所得，可以并处违法所得五倍以下的罚款；没有违法所得的，予以警告，可以并处罚款；情节严重的，责令停业整顿，或者由工商行政管理机关吊销营业执照。

本故事中，小吃店混淆“份”与“个”的量词概念，利用使人误解的价格手段，欺诈消费者与之进行交易，其行为违反了《价格法》的相关规定，故白洁一家维权成功。

8. 莫名而来的债务

你之前在这里办的信用卡已经透支了两万元。请还清债务再办理新卡。
什么？我没有办过其他信用卡啊！
你有没有丢失过身份证，或者泄露过身份证信息？
啊……我曾经去一家公司应聘过……
我看办理信用卡步骤简单，就从那家公司买了些身份证复印件……
犯人抓住了。可我的债务谁来买单？
赃款、赃物属于被害人的，还需依法返还……所以，阿根应为唐秀的债务负全责。

职校实习时，唐秀去了一家效益很好的工厂。一个月后，厂里给她发了1000元实习津贴，节俭的她决定把这笔钱存起来，便去银行办理储蓄卡。银行工作人员看了她的身份证后，称其之前在该银行办理的信用卡已透支2万元，如再办卡须先还清债务。

唐秀的父母经营着一家大超市，经济条件不错。一直以来，她都不差钱，根本不可能透支信用卡。她怀疑银行弄错了，于是再三询问，结果得到银行方面十分肯定的答复。莫名而来的债务让她烦恼不已。

由于在支行以及各信用卡营销点都可以办理信用卡，所以工作人员并不清楚透支信用卡的开户详情，于是提醒唐秀可能是其家人代办了信用卡。

经工作人员这么一提醒，唐秀倒真想起父母曾经提过一次要给她办信用卡。由于当时唐秀的手边不差钱，所以她也没把这事放在心上。

“难道爸爸妈妈帮我办了一张信用卡？可他们并不差钱，怎么会让信用卡透支？”抱着半信半疑的态度，唐秀打电话向父母确认此事。父母否定了她的猜测。

唐秀怀疑有人冒名办卡，进行恶意透支，于是立刻报了警。

接手案子的刘警官办案经验丰富，他带着唐秀来到该银行的客户服务中心，调出透支信用卡的开户详情。经过一番认真的核对后，刘警官发现那张信用卡所录入的办卡人资料，除了电话不是唐秀的之外，其他身份信息与其一模一样。刘警官于是肯定了唐秀的猜测。

通常，银行在开卡前会拨打开户者的电话激活信用卡，所以刘警官认为可以以陌生号码为突破口来查找冒名者。刘警官拨通了那个陌生号码，结果显示对方已停机。他于是又到通信运营商查询号码来源，结果也一无所获。

“身份资料是办信用卡的必备信息，别人只有了解你的信息才能办卡……”刘警官决定换一个角度调查，让唐秀仔细回忆之前有没有遇到身份证丢失的情况。

唐秀的身份证一直随身携带，没发生过丢失的情况。不过，她记起去年暑假去一家电子公司打暑期工时，老板曾让她提供身份证复印件。之后，她也没要回复印件。

根据唐秀提供的地址，刘警官找到了那家公司。经调查，刘警官发现公司老板曾经收过唐秀和另一些应聘者的身份证复印件。为了一点儿蝇头小利，他把这些身份证复印件以每份 30 元的价格卖给一个叫阿根的小混混。

几乎没费什么功夫，刘警官就在一家网吧找到了阿根。原来，阿根是一个吸毒少年，为了筹集毒资，他四处弄钱。一次偶然的机会，阿根在路边看到银行的信用卡营销员正向路人推销信用卡。营销员告诉路人在他那里办卡可以透支而且程序简单，只需要提供身份证复印件即可，还配送礼物。阿根一听，认为这是从银行弄到钱的好办法，于是打起了办信用卡透支的主意。此时，他留意到唐秀之前应聘的那家公司收了一些身份证复印件，于是以每张 30 元的价格买下了该公司的身份证复印件资料。阿根用买来的身份证复印件在不同的营销员那里办了 20 来张信用卡……

事情终于弄明白了，唐秀心里的石头也落了地。她心想，既然透支的信用卡与自己无关，那么银行这下可以给她办卡了。可银行方面仍然坚持要她先还债务，再办卡。

“难道阿根花的钱还让我偿还？”唐秀无法接受银行的观点。她在父母的陪护下，把出卖身份证信息的公司和阿根告上法庭。

“我国《刑法》第一百九十六条规定，使用虚假身份证明骗领信用卡进行信用卡诈骗活动，数额较大的，处五年以下有期徒刑或者拘役，并处 2 万元以上 20 万元以下罚金……阿根的行为已经构成信用卡诈骗罪，本庭判其有期徒刑 3 年。电子公司负责人为犯罪嫌疑人提供骗领信用卡的信息资料，妨害了信用卡管理，情节严重，构成犯罪。依据《刑法》第一百七十七条之一规定，处 7 个月有期徒刑。”法院对阿根和电子公司负责人作出了宣判。

“我的债务谁买单？”唐秀更关心她的莫名的债务。

“我国《刑事诉讼法》第二百四十五条第四款规定，人民法院作出的判决生效以后，有关机关应当根据判决对查封、扣押、冻结的财物及其孳息进行处理。对查封、扣押、冻结的赃款赃物及其孳息，除依法返还被害人的以外，一律上缴国库。所以，赃款赃物属于被害人的，还需依法返还……所以，阿根应为唐秀的债务负全责。”法官接着说，“另外，2010 年 7 月 22 日中国银行业监督管理委员会颁布的《商业银行信用卡业务监督管理办法》第三十八条规定，发卡银行应当公开、明确告知申请人需提交的申请材料和基本要求，申请材料必须由申请人本人亲自签名，不得在客户不知情或违背客户意愿的情况下发卡。所以银行营销员不规范的办卡行为妨害了信用卡管理，发卡银行应当予以整改……”

“他们没理由阻挠我办理新的储蓄卡。”听法官这么一说，唐秀心里有了底，她信心十足地走向银行……

（文中人物均为化名）

法律知识链接

《刑法》第一百九十六条第一款规定，使用虚假身份证明骗领信用卡进行信用卡诈骗活动，数额较大的，处五年以下有期徒刑或者拘役，并处 2 万元以上 20 万元以下罚金。

《商业银行信用卡业务监督管理办法》第三十八条第一款规定，发卡银行应当公开、明确告知申请人需提交的申请材料和基本要求，申请材料必须由申请人本人亲自签名，不得在客户不知情或违背客户意愿的情况下发卡。

本故事中，阿根的行为已经构成信用卡诈骗罪，故据情节判其有期徒刑 3 年。银行营销员不规范的办卡行为妨害了信用卡管理，所以发卡银行应当予以整改。

9. 爆炸的电视

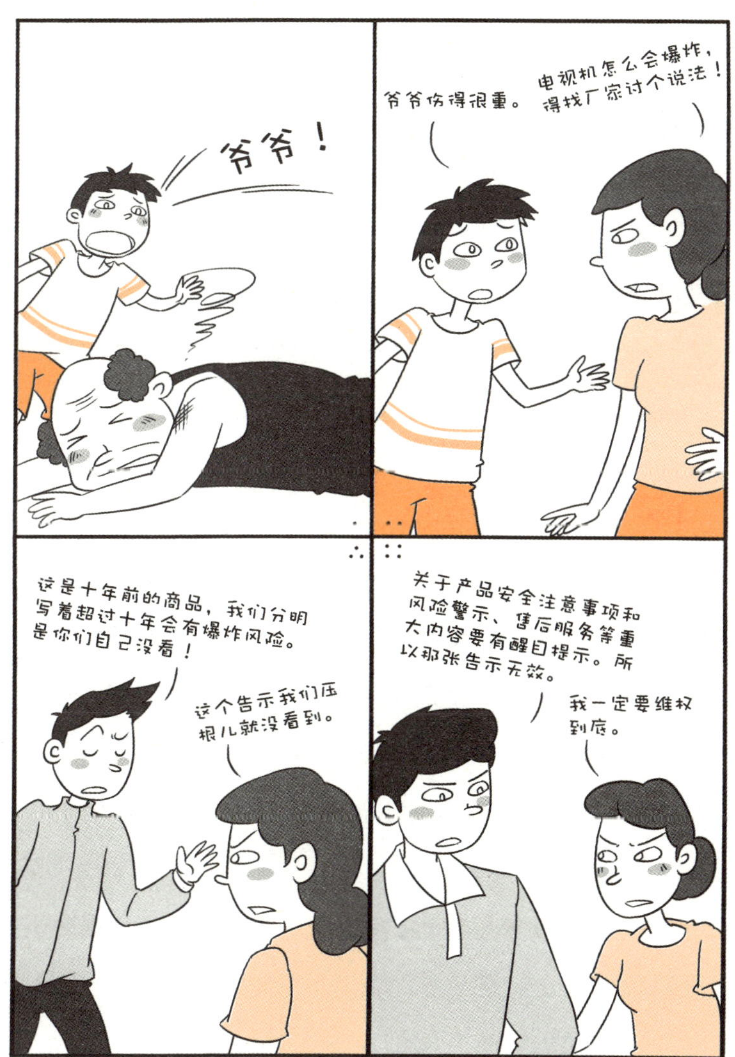

爷爷！
爷爷伤得很重。
电视机怎么会爆炸，得找厂家讨个说法！
这是十年前的商品，我们分明写着超过十年会有爆炸风险。是你们自己没看！
这个告示我们压根儿就没看到。
关于产品安全注意事项和风险警示、售后服务等重大内容要有醒目提示。所以那张告示无效。
我一定要维权到底。

电视作为最具影响的科技成果之一，给我们提供及时有效的信息，扩展视野，推动知识信息的传播。不管是从过去到现在，还是从农村到城市，电视不断改变着人们的文化生活，为人类的进步做出了不容忽视的贡献。李杰是个新闻联播迷，即便进入紧张的高考阶段，也不落下每天的新闻联播。没想到的是，他家的电视却突然发生了爆炸……

那天傍晚，李杰刚看完新闻走出客厅，到卫生间准备洗完脸后做功课。突然，他发现屋子里的灯灭了，同时传来“啪”的一声。刚开始，他以为有人在街上放炮，或因其他原因导致供电开关跳闸，便没有出去查看。

紧接着，他闻到一股如同胶皮烧煳了的味道，潜意识告诉他，家里什么地方着火了，他于是立即拿起手电跑进屋子里查看。当他合上电闸，冲入客厅后，被眼前的情景惊得目瞪口呆，只见屋里烟雾弥漫，原本在看电视的爷爷一动不动地躺在地上，脸上落满黑色粉尘。而放置在旁边桌子上的电视机则成了一堆残骸。

“电视机爆炸了？”李杰吓得赶紧给120和上夜班的父母打电话。父母第一时间赶回爆炸现场，并把李杰的爷爷送进医院。

由于李杰的爷爷短时间内吸入了大量粉尘、金属颗粒等，导致呼吸道堵塞，肺部感染、发炎，需要采取吸痰、气管切开等抢救措施，医生让李杰父母准备五万元住院费。这对于原本就生活拮据的李杰家而言，无疑是雪上加霜。

“电视机为什么会爆炸？我们是不是应该找电视机厂家赔偿一部分？”李杰的父母无论如何也不能接受这突如其来的灾难，决定找电视机厂家理论。

为此，他们想找出当时的发票来作为索赔的证据。可是，李杰家的电视机是十年前买的，发票早已不见踪影。不过，他们仍然怀着试一试的心态去找电视机生产厂家。

正如大多数维权案例一样，当李杰父母来到厂家说明来意之后，厂家负责人第一个问题就是询问他们有没有购买产品的发票。

李杰父母无奈地摇摇头。厂家负责人以产品不一定是厂家原装的为由，毫无商量余地地拒绝了他们的索赔要求。

由于自己的“证据”不充分，李杰父母也只能离开厂家。不过，他们并没有彻底放下此事。为了证明产品是厂家原装，他们请来了相关的鉴定师，取证电视机的残骸。结果显示，李杰家发生爆炸的电视机属于原装产品。

得到鉴定报告之后，李杰的父母心里又多了几分胜算，他们找到电视机生产厂家，进行维权。

“造成电视机爆炸的原因很多，其中电压过高就是爆炸的主要原因之一……”没想到厂家负责人却告诉他们，即使是原装产品，也不能成为索赔的理由。

为此，李杰父母又请公安消防大队到现场勘察、取证，明确事故原因为电视机内部元件燃烧而引发爆炸。他们心想这下厂家应该没话说了，但令他们万万没想到的是，厂家一本正经地告诉他们："你们这种型号的电视机属于十年前的产品，已经使用十年之久，超过了安全使用年限，有发生爆炸的可能。所以，这也不能怪我们。"

"当初，你们为什么不告诉我们这些？"李杰父母不依不饶，认为厂家没有尽到告知义务，于是以对方没有尽到告知义务为理由，继续理论。

"看看这是什么？"厂家负责人拿出一张安全告示，只见上面清清楚楚地写着该品牌电视机使用十年之后，会有爆炸的风险。

"这个告示我们压根儿就没看到。"李杰父母自认倒霉。加之索赔之路太艰难，所以他们决定放弃索赔。

看着父母为了医治爷爷，为钱的事情焦头烂额，自己又帮不上忙，李杰的内心饱受煎熬，以至于上课老是走神。

班主任张老师觉察出李杰的异样，找他谈心。从谈话中，张老师了解了事情的来龙去脉，他建议李杰家用法律武器解决问题。

"可是，他们有告示在先。"李杰心里没底儿。

"《消费者权益保护法》第二十六条规定，经营者在经营活动中使用格式条款的，应当以显著方式提请消费者注意商品或者服务的数量和质量、价款或者费用、履行期限和方式、安全注意事项和风险警示、售后服务、民事责任等与消费者有重大利害关系的内容，并按照消费者的要求予以说明。经营者不得以格式条款、通知、声明、店堂告示等方式，作出排除或者限制消费者权利、减轻或者免除经营者责任、加重消费者责任等对消费者不公平、不合理的规定，不得利用格式条款并借助技术手段强制交易。格式条款、通知、声明、店堂告示等含有前款所列内容的，其内容无效……”张老师平时喜欢看法律方面的书籍，他认为告示无效。

“我一定要维权到底。”听了张老师的一席话，李杰底气十足地将电视机生产厂家诉诸法律，决意维权到底。

（文中人物均为化名）

法律知识链接

《消费者权益保护法》第七条规定，消费者在购买、使用商品和接受服务时享有人身、财产安全不受损害的权利。消费者有权要求经营者提供的商品和服务，符合保障人身、财产安全的要求。第十一条规定，消费者因购买、使用商品或者接受服务受到人身、财产损害的，享有依法获得赔偿的权利。

第四十九条规定，经营者提供商品或者服务，造成消费者或者

其他受害人人身伤害的，应当赔偿医疗费、护理费、交通费等为治疗和康复支出的合理费用，以及因误工减少的收入。造成残疾的，还应当赔偿残疾人生活辅助器具费和残疾赔偿金。造成死亡的，还应当赔偿丧葬费和死亡赔偿金。

第二十六条规定："经营者在经营活动中使用格式条款的，应当以显著方式提请消费者注意商品或者服务的数量和质量、价款或者费用、履行期限和方式、安全注意事项和风险警示、售后服务、民事责任等与消费者有重大利害关系的内容，并按照消费者的要求予以说明。经营者不得以格式条款、通知、声明、店堂告示等方式，作出排除或者限制消费者权利、减轻或者免除经营者责任、加重消费者责任等对消费者不公平、不合理的规定，不得利用格式条款并借助技术手段强制交易。格式条款、通知、声明、店堂告示等含有前款所列内容的，其内容无效。"

本故事中，电视机爆炸所造成的李杰家人身、财产方面的损失，属于"使用商品"时受到的"人身、财产损害"，而厂家所出示的"告示"也不合法，故倡导维权。

10. 乐于助人反被“讹”

总之，你们必须承担责任，不然就法庭上见。
我没有撞人！不信，你们可以问老奶奶。
事发路段的摄像头出了故障，没能记录下当时的情景。但找到目击证人也是一样的。
要是能找到证明孩子无辜的证据就好了。
开庭当日。
我证明黄奎没有撞人。U盘里有这孩子没有撞人的证据录像！
对，当时我也看到了这一幕。
讹人者，必受罚！我原谅你们，但法律不会原谅你们！
我们也是被逼无奈。

乐于助人是中华民族的传统美德，值得每一个中国人弘扬。黄奎 17 岁，是某中学高三的美术特长生，因为助人事迹突出，连年被评为“三好学生”“十佳好少年”等称号。前不久，这个好人却因为乐于助人被用心不良之人讹诈了……

一个秋风瑟瑟的下午，黄奎骑车去少年宫学素描。当他行至一个三岔道时，突然听到一阵低沉的呻吟声。黄奎仔细一看，发现路旁躺着一位老奶奶。老奶奶的脸色很差，她见黄奎来到跟前，于是央求黄奎送她进医院。

素描是美术的基本功，黄奎立志考美院，所以他每天下午放学后，都会抽时间去学习，从不缺席。如果送老人进医院，他首先担心会迟到，但他还是毅然把老奶奶送到了附近的医院。

由于赶时间，黄奎把老奶奶交给医生后迅速离开了。事后，他没把这事放在心上。可当晚，老奶奶的儿子、儿媳妇找上了门。他们告诉黄奎父母，下午黄奎骑车撞倒了他们的母亲，现在老人心脏病复发……

“我没有撞人！不信，你们可以问老奶奶。”黄奎万分无辜地说。

“我母亲已经深度昏迷，谁知道你有没有撒谎……总之，你们必须承担责任，不然就法庭上见。”老奶奶的儿媳妇说完，扬长而去。

黄奎没想到自己好心好意扶老人、救老人，却被反咬一口，委屈的泪水倾泻而下。

父母相信黄奎的诚实，但对方如此强硬，他们也束手无策。半晌，父亲叹道：“要是能找到能证明孩子无辜的证据就好了。”

由于各大路口都安装了监控设施，所以父母首先想到去交警部门调出事发路段的监控视频。遗憾的是，交警部门的同志告诉他们，事发路段的摄像头出了故障，没能记录下当时的情景。不过，他们提醒黄奎父母，如果能找到事发时的目击证人，也能证明黄奎无辜。

经过交警这么一提醒，黄奎想起自己扶老人时，仿佛有人骑车路过。可当时忙于救人，根本没注意对方的相貌特征。茫茫人海，要想找到这个人犹如大海捞针。

不过，黄奎灵机一动，想到利用微信发布消息进行搜索。消息刚一发出，立即引起广泛关注，跟帖者数不胜数，大家力挺黄奎乐于助人的事迹，纷纷要求目击证人出来为黄奎澄清事实。

遗憾的是，虽然网友呼声高涨，目击证人却始终没有现身。

看来，要想弄清真相，只能靠老奶奶了，可老奶奶处于昏迷状态，根本不可能站出来替黄奎说话。

“难道扶老人错了，乐于助人也错了？”黄奎陷入无尽的迷惘之中……

几天后，黄奎被老奶奶的家属提起民事诉讼。庭审中，一个名叫小甘的小伙子自称是“案发”时的目击证人，他向法庭陈述了黄奎撞倒老奶奶的“全过程”。

“根本不是这么一回事。”黄奎急得快要哭出来。

“法律讲求证据……”尽管家里给黄奎请了最好的律师，但律师苦于无有利证据，也没有十足的胜算。

“不妨看看 U 盘里的证据。”在即将宣判的那一刻，一位男子从旁听席中走了出来。

原来，男子是事发的三岔道附近某超市的老板。因为超市屡屡被盗，不得不在超市的里里外外都装了针孔摄像头，摄像头记录了当时的情景。黄奎被讹事件发生后，男子一直纠结到底要不要站出来。在庭审中，他看到黄奎无辜而又痛苦的表情，终于决定站出来为正义说话。

从视频中，大家毫无疑问地得出事实的真相——黄奎的行为属于乐于助人，并非原告所言的“肇事者”。

“对，当时我也看到这一幕。只因为老奶奶的家属答应给我 1000 元，才瞒着事实真相没有说出来……现在，我要还孩子一个清白。”这些日子，目击证人一直受着良心的谴责。超市老板的举动，让他彻底醒悟过来。

“我们也是被逼无奈，才想出花钱请人作伪证的法子。孩子，对不起！”原来，老奶奶的儿子、儿媳妇无力承担巨额医疗费，才想到讹诈黄奎的鬼主意。面对“接踵而至”的“不利证据”，他们感到无地自容。

最终，法庭宣判黄奎不用赔付医疗费。

"讹人者，必受罚！"正当法官要宣布退庭之时，旁听席骚动起来。

"我原谅你们，但法律不会原谅你们！"经过一番强烈的思想斗争之后，黄奎在父母和律师的帮助下，以涉嫌诬告陷害罪的罪名，要求当地检察机关对老奶奶的家属以及小甘进行处理。对他而言，这不是为自己鸣不平，而是向某些人道德底线沦丧的宣战。

（文中人物均为化名）

法律知识链接

《民事诉讼法》第一百一十一条第一款规定，诉讼参与人或者其他人伪造、毁灭重要证据，妨碍人民法院审理案件的，人民法院可以根据情节轻重予以罚款、拘留；构成犯罪的，依法追究刑事责任。以暴力、威胁、贿买方法阻止证人作证或者指使、贿买、胁迫他人作伪证的，犯同款罪。

《刑法》第二百四十三条第一款规定，捏造事实诬告陷害他人，意图使他人受刑事追究，情节严重的，处 3 年以下有期徒刑、拘役或者管制；造成严重后果的，处 3 年以上 10 年以下有期徒刑。

本故事中，老人家属为了达到非法目的，指使小甘作伪证，以及小甘为了利益作伪证的行为都涉嫌违法，黄奎有权利用法律武器维护自己的合法权益。

11. 失落的求学梦

我填的明明是H中学的志愿，录取分数也够，为什么却考进了W中学？
你参加的是普通高中考试，当然应该留校继续就读。
我校《学籍管理条例》规定，学生毕业时只能报考本校高中部。
怎么可以这样！
拒绝开转学手续。
我要告你们侵害了我女儿受教育的选择权！
法庭宣布被告方将原告小婉的学籍档案转至其指定并同意接收她入学的学校，并承担借读费，直至原告转学为止。
法律始终都是站在正义一边的。
下位法服从上位法。

H 中学环境优雅，是一所众多学子梦寐以求的省重点中学。小婉是 W 中学初三的学生，也特别向往 H 中学。为此，她一门心思扎进书堆中，但也难圆求学之梦。

中考成绩公布时，小婉得知自己的分数比 H 中学的录取分数线高 48 分，心里好比吃了一颗定心丸。奇怪的是，期盼已久的录取通知书却迟迟没下来。

小婉向区教育局招生办询问，结果被告知继续等待。几天后，小婉等来了录取通知书。但录取她的并非 H 中学，而是她原本就读的 W 中学高中部。小婉担心招生办弄错了，于是再次咨询。结果她被告知，因其没有报考 H 中学，即便高分也无法投档。

小婉清楚地记得自己考试时填报的第一志愿就是 H 中学，而且父母也在报名表上签了字，不明白究竟哪儿出了问题。为了弄清真相，小婉和父母又向班主任咨询。

“小婉参加的是普通高中考试，当然应该留校继续就读。”班主任的话让小婉备感意外。

经过一番了解，小婉和父母终于明白：按照招生规定，学生填报志愿后，由学校向区招生办集体报名，区招生办再根据学生的志愿发放准考证。考重点高中的准考证号第一位数为 1，考普通高中的准考证号第一位数为 5，试卷题目完全相同。由于小婉得到的准考证号第一位数字为 5，才被编入普通高中的考场。

“可我明明报考了H中学……”小婉一听，眼泪顿时哗啦啦地往下淌。

“你之前并没有告知准考证号第一位数字的意义，所以小婉进考场时根本就不知道自己已经被编入普通高中的考场……希望你去澄清一下这事。”小婉的父母期望事情能有回旋的余地。

班主任面露难色，以小婉当时没有更正考场为由拒绝了她的要求。为此，小婉和父母又找到校方负责人，希望能得到帮助。

对此，校方负责人并没有正面答复，而是旁敲侧击地规劝小婉继续留在该校高中部就读。

由于小婉志不在此，所以不管校方负责人怎么说，她始终都没有改变自己的初衷。

“我校《学籍管理条例》规定：学生毕业时只能报考本校高中部。”校方负责人也不多说，只从抽屉中拿出一份文件，宣布小婉被该校录取是有章可循的。

事到如今，小婉的父母终于明白这一切都是学校的故意安排。之前，他们曾听说一些学校追求升学率，利用一些手段留住成绩好的学生，但没想到这事会发生在自己女儿身上。小婉的父母一气之下，决意宁可交借读费，让小婉借读于S中学，也不读W中学。当他们再次来到W中学，请求学校把学籍转至S中学时，却遭到严词拒绝。

高分落榜理想学府，降低要求求学S中学却无法转学籍，小婉的求学路再次亮起红灯。

无奈之下，小婉的父母以小婉的名义向当地人民法院提起诉讼，状告其母校W中学侵害其受教育的选择权，要求法院判令被告立即停止侵害、准予转学并赔偿损失。顿时，舆论一片哗然。

庭审中，双方控辩激烈。

“除了本校的《学籍管理条例》规定本校学生毕业时只能报考本校高中部外，因为之前成绩优秀的学生考入省、市重点中学，大大影响了高考升学率，所以校方为此向当时的主管部门领导申述意见，要求本校实行‘自包’，即‘差生不进’‘优生不出’，并得到同意。”校方表示，他们对小婉的成长倾注了满腔心血，将她由一般学生培养成为优秀学生，将其留在本校高中就读并拒绝让其转学是事出有因、事出有据的。

“市教委文件明确规定，各中学要尊重考生志愿，报名表由学生填写，家长签名，任何人不得涂改或代考生报考。”原告方认为《宪法》和《义务教育法》规定公民享有受教育的权利，这种权利包括受教育的选择权，还找出了市教委的相关文件作为依据。

“由于市教委文件精神，校方《学籍管理条例》中的有关规定明显与法律规定和市教委的权威文件相违背，所以不能作为依据。被告不应违背原告志愿，擅自将其报考档案归入普通高中类，这侵害了原告的受教育选择权，应承担侵权责任……”最终，法庭宣布被告方将原告小婉的学籍档案转至其指定并同意接收她入学的学校，并承担借读费，直至原告转学为止。

“下位法服从上位法。”尘埃落定，小婉感慨地说。

“法律始终都是站在正义一边的。”法官笑着说。

（文中人物均为化名）

法律知识链接

《教育法》第三十七条第一款规定，受教育者在入学、升学、就业等方面依法享有平等权利。第四十三条规定，受教育者在学业成绩和品行上有获得公正评价的权利。

第七十七条规定，在招收学生工作中徇私舞弊的，由教育行政部门或者其他有关行政部门责令退回招收的人员；对直接负责的主管人员和其他直接责任人员，依法给予行政处分；构成犯罪的，依法追究刑事责任。

本故事中，小婉的母校出于提高升学率的考虑，利用其拥有的管理学生的权力，隐瞒小婉的入学填报志愿，侵害了小婉受教育的选择权，故应停止侵害并赔偿。而且，此次徇私舞弊的人员，还应受到行政处分。

12. 游泳馆惊魂

救命啊！有人溺水了！
你当时应该照顾他的，你要承担责任！
我已经劝他别去深水区了。
我们已经及时救援并送人去医院了，已经尽到义务。不该有赔偿责任！
因为原告及其监护人对损害的发生也有过错，所以减轻游泳馆的赔偿责任。
小智今后的路该怎么走啊？呜呜呜……

酷夏的一天，小区游泳馆内人声鼎沸。人们像“下饺子”般扑向水池，一边“劈波斩浪”，一边尽情享受着这难得的清凉。突然，深水区传来一阵急切的呼救声。大家循声望去，发现呼救的是一名少年。在他的不远处，一只手正无力地向上挣扎，随之便没入池水之中……

骤然间，游泳馆的气氛变得紧张起来。救生员纵身跳下水，把即将沉入水底的溺水者救上岸。只见溺水者面色灰紫，已无呼吸与心跳。

人群中恰好有一位专业医生，他凭着自己丰富的医学知识，俯身为溺水者实施了心肺复苏术。在大家的焦急等待中，溺水者逐渐恢复自主呼吸。但因为严重缺氧，溺水者仍处于深度昏迷状态。为了进一步治疗，游泳馆的工作人员以最快的速度将其送入医院。

溺水者名叫小智，和呼救少年小范住在同一栋单元楼，又是同班同学，因年龄相仿，都刚满 14 岁，所以两人常“黏”在一起。今天两人相约到游泳馆纳凉，没想到发生了意外。

很快，双方父母被通知到场。

经过进一步治疗，小智虽然脱离生命危险，但花费了巨额医疗费，还留下后遗症，成了植物人，生活完全不能自理。

小智的父母想不通两个孩子同去游泳馆，为什么出事的偏偏就是自己的儿子。他们对小范心生怨恨，要他的父母给个说法。

小范的父母对小智的遭遇表示出极大的同情，但拒不承认自己儿子有过错。

“当时，你俩就应该互相照应着。”小智父母说。

“事发那天，小智说要去深水区，我曾经劝他别去，但他就是不听，还嘲笑我没有冒险精神。他硬要去，我也没法阻止他。而且事情发生后，我还及时呼救了……”为了证明自己的清白，小范请来一些当天曾经耳闻自己劝阻小智的游泳者，还原当时的情景。

“小范也是孩子，怎么可能照顾到你儿子？”在众人的说辞面前，小智的父母无言以对。他们明白这事确实与小范无关。可一想到小智今后还会花上一笔不少的医疗费，他们就觉得必须找个人对此负责。

为此，他们仔仔细细地分析了当时的情景，并一个一个地追责。

“你们该找的不找，偏偏找不该找的，真是无理取闹！”事发的急救医生知情后，狠狠地谴责了小智父母一顿。

“该找谁？”小智父母眼睛一亮，似乎看到了希望。

“游泳馆是公共场所，应对顾客尽到安全保障的义务。”医生以前也遇到过类似的伤害事故。

小智父母觉得医生言之有理，于是去找游泳馆的负责人

理论。

“我们已经在第一时间救人，并送到医院。是你家孩子体质差，才导致了后面的恶果。”游泳馆方面表示已经尽力，把责任推得干干净净。

在双方没有达成协议的情况下，小智父母把游泳馆告上了法庭。

“我国《民法典》第一千一百九十八条规定，宾馆、商场、银行、车站、机场、体育场馆、娱乐场所等经营场所、公共场所的经营者、管理者或者群众性活动的组织者，未尽到安全保障义务，造成他人损害的，应当承担侵权责任。游泳馆作为对公众开放的公共场所，既未按规定禁止未成年人单独入场，也没有采取相应的监护措施，故对原告的损害具有过错，理应承担相应的法律责任。”听完控辩双方的陈述之后，法官开始判决。

小智父母一听，顿时松了一口气。

“根据《民法典》第一千一百七十三条规定，被侵权人对同一损害的发生或者扩大有过错的，可以减轻侵权人的责任。原告14岁，属于限制民事行为能力人，其父母明知游泳具有一定危险，却未尽到监护职责。因为原告及其监护人对损害的发生也有过错，可以减轻游泳馆的赔偿责任。”最终，法庭根据双方各自的过错，确定被告承担损失的70%，原告承担30%。

“小智今后的路该怎么走？”面对判决，小智的父母陷入深深的忏悔和无尽的忧伤之中……

（文中人物均为化名）

法律知识链接

《民法典》第一千一百九十八条规定，宾馆、商场、银行、车站、机场、体育场馆、娱乐场所等经营场所、公共场所的经营者、管理者或者群众性活动的组织者，未尽到安全保障义务，造成他人损害的，应当承担侵权责任。第一千一百七十三条规定，被侵权人对同一损害的发生或者扩大有过错的，可以减轻侵权人的责任。

《民法典》第二十七条规定，父母是未成年子女的监护人。第二十六条规定，父母对未成年子女负有抚养、教育和保护的义务。

本故事中，溺水者小智属于未成年人。游泳馆没有按规定禁止未成年人单独入场，也没有采取相应的监护措施，对原告的损害具有过错，理应承担相应的法律责任。小智父母明知游泳具有一定的危险，却未尽到监护职责，有过错，也需承担一部分责任。

13. 怕狗的秀美

秀美别怕，走开！
城里为啥也养狗？
谁让你吼我的"幺儿"！
幺儿，去！
啊！
不就是钱的问题吗？我不在乎。
你这属于故意伤害他人身体的行为。根据法律规定，特作出对你处九日拘留的决定……
什么？

秀美和大多数小女生一样，胆子特别小，尤其惧怕一些长牙的小动物。狗，作为一种长着尖尖牙齿，时不时还吐吐舌头的小动物，秀美一提到它就头皮发麻、心里发怵。不巧的是，秀美怕什么，偏偏就来什么。

秀美住在乡下，去镇中学上学需要走十几里山路。秀美不怕路途遥远，也不怕辛苦，就怕途中会遇到狗。

秀美惧怕的那条狗是山坳中一户人家养的看家狗，浑身黑黝黝的，看上去高大又威武。因为山坳是秀美上学的必经之路，所以她每天都心惊胆战地去上学。一走到山坳，她就蹑手蹑脚地行进，生怕被大黑狗盯上。

可遗憾的是，不管秀美如何轻轻地行走，大黑狗总会站起来朝她叫几声，然后龇着牙，跟着她跑上几步。那声音、那阵势直入秀美的心灵深处。每次，秀美都会大叫大黑狗的主人张婆婆出来“救命”。

“大黑！别叫！”张婆婆一吼，大黑狗就老老实实回到窝里蹲着。

突然有一天，秀美经过山坳，大黑狗追着她叫时，张婆婆没出来。他的儿子看着秀美惊慌的样子，不但不制止大黑狗，反而冷漠地让秀美自己走就是，说大黑不会咬人的。正如张婆婆的儿子所言，大黑狗真不咬人。

一连几天，张婆婆都没出来给秀美“救命”，他的儿子只幸灾乐祸地旁观。从旁人口中，秀美得知张婆婆中风了。

“以后，我每天都会被大黑狗吓着。”秀美最怕看到大黑狗的样子，以至于噩梦连连……

父母打算送秀美上下学，可遇到农忙时期，根本无暇顾及接送她的事。

奶奶在城里给二叔带孩子，她知情后，让秀美转学到城里。秀美的学校离二叔家很近，只有两条街的路程。如此一来，秀美就不用担心狗的问题了。

可令大家没想到的是，就在二叔家和学校仅两条街的路程中，秀美还是和狗“相遇”了。那是一条小巧玲珑的狮子狗，所不同的是，狮子狗的处境似乎比乡下的大黑狗更优越，时时有人跟着、呵护着。相同的是，它一见到秀美就龇牙……

“阿姨，能不能把你的狗看好！”第一次见到狮子狗时，秀美就吓得大叫。狗主人不当一回事地吆喝了一声，狮子狗立马变老实了。

秀美不明白城里为啥也养狗，便把这事告诉了奶奶。

“那是宠物。”奶奶回想起那个阿姨是遛狗的，后悔先前转学时没想到这茬。为了给秀美打气，奶奶决定亲自为秀美“保驾护航”。

第二天，秀美和奶奶遇上了遛狗的阿姨。由于狮子狗对着秀美龇牙，奶奶就吼了它几句。

“谁让你吼我的‘幺儿’！”遛狗的阿姨不依，愣是和奶奶争吵起来。奶奶也不客气，眼看两个人快要打起来。

“幺儿，去！”遛狗阿姨见骂不过奶奶，便唆使狮子狗朝奶奶扑去。狮子狗对着奶奶的腿肚子，一口咬下去……

“赔钱！”秀美回过神来，厉声说道。

“又不是我咬了她，凭什么赔钱？”遛狗的阿姨抱着狮子狗扬长而去。

二叔闻讯赶来，把奶奶送进医院。医生给奶奶处理伤口、打狂犬疫苗，忙活了好一阵子。花去几千元的医疗费不说，奶奶还痛得厉害。

二叔说什么也咽不下这口气，他找到遛狗阿姨理论。

“没我的责任。”遛狗阿姨显得很傲慢。由于双方僵持不下，二叔拨打 110，向公安局反映了此事。

“根据《治安管理处罚法》第七十五条第一款规定，饲养动物，干扰他人正常生活的，处警告；警告后不改正的，或者放任动物恐吓他人的，处 200 元以上 500 元以下罚款。”听完双方的陈词之后，警察指令遛狗阿姨赔付医疗费，并向秀美的奶奶道歉。

“不就是钱的问题吗？我不在乎。”遛狗阿姨一听，当即甩出一大沓钱，财大气粗地说。

“根据《治安管理处罚法》第七十五条第二款规定，驱使动物伤害他人的，依照本法第四十三条第一款的规定进行处罚。被告唆使狮子狗伤害原告当事人，属于‘故意伤害他人身体’的行为。根据本条，特作出对被告处 9 日拘留的决定……”法官接下来的话，令遛狗阿姨吃了一惊。

“有法律做坚强的后盾，我再也不怕狗啦。”听完宣判，秀美的脸上绽开了灿烂的笑容。

（文中人物均为化名）

法律知识链接

《治安管理处罚法》第七十五条规定：“饲养动物，干扰他人正常生活的，处警告；警告后不改正的，或者放任动物恐吓他人的，处 200 元以上 500 元以下罚款。驱使动物伤害他人的，依照本法第四十三条第一款的规定处罚。”

第四十三条第一款规定，殴打他人的，或者故意伤害他人身体的，处 5 日以上 10 日以下拘留，并处 200 元以上 500 元以下罚款；情节较轻的，处 5 日以下拘留或者 500 元以下罚款。

本故事中，不管是乡村住户养的“看家狗”，还是城里遛狗人士养的“宠物狗”，如因养狗“干扰他人正常生活”，都应受到法律制裁。遛狗阿姨唆使狗咬秀美奶奶的行为属于“驱使动物伤害他人”，故按照《治安管理处罚法》第四十三条之规定处罚。

14. 被“没收”的著作权

我自己写的童谣，为什么不能给杂志社利用？
童谣是按照学校要求而写，所以你没有著作权。
阿姨，我的著作权应该是被老师没收了……
没人有权没收你的著作权。
教育局的文件，能当儿戏？
老师，对不起。
虽然小梦的童谣是在你们的安排下创作的，但著作权应该属于小梦。
没注意这些法律细节，还差点铸成大错。

王小梦是某中学的初一学生，自幼爱好文学，时常梦想着能在报纸杂志上发表自己的著作。这天放学后，王小梦刚打开她的邮箱，就接到一封用稿通知。从通知中，她得知自己几天前投稿的一首童谣将被某杂志刊用。

王小梦没想到自己的梦想能这么快实现，兴奋得不得了。她高高兴兴地把这个消息分享给了班里的同学。没想到几分钟之后，班主任老师来了，她告诉王小梦不能把那首童谣交给杂志社刊用。

“我自己写的童谣，为什么不能给杂志社刊用？”王小梦实在想不明白这其中的道理，忍不住问。

班主任一听，不温不火地让王小梦回忆当初写童谣时是不是按照学校的规定而创作的。经过班主任一提醒，王小梦想起还真有那么一回事。她记得一个星期前，学校组织同学们按要求创作童谣，王小梦很快就创作完毕。她在兴高采烈地把童谣交给班主任的同时，也向某杂志社的邮箱投了稿。之后，她也没把这事放在心上。

“童谣是按照学校要求而写，所以你没有著作权。”电话那头，班主任接着说。王小梦也不知道著作权是什么。不过她想，既然班主任老师都说她没有著作权，那就应该没有著作权。

为了不耽误杂志社排版，王小梦把自己没有童谣著作权的事儿告诉了编辑阿姨。编辑阿姨有些遗憾，随即询问事情的缘由。

“阿姨，我的著作权应该是被老师没收了……”王小梦想起一些同学上课玩东西被老师没收的情景，心想自己的著作权也应该属于类似状况，她便很抱歉地说出了事情的来龙去脉。

“《著作权法实施条例》第六条规定，著作权自作品创作完成之日起产生。作品是指文学、艺术和科学领域内具有独创性并能以某种有形形式复制的智力成果。你的童谣也属于作品，所以童谣的著作权应该属于你自己，没人有权没收你的著作权。”编辑阿姨没想到世界上还存在这样不公平的事情，于是愤愤不平地告诉王小梦。

编辑阿姨的话对王小梦的启发很大。不过，王小梦仍然期望得到班主任的许可。

第二天一早，她就来到班主任面前，小心翼翼地把编辑阿姨的话告诉了她，希望得到理解。

“你这孩子，是不是脑子有问题啊？”没想到班主任一听，立即火冒三丈。她从抽屉里抽出一份文件，“啪”地甩给王小梦，“你自己看看吧！难道我还会要了你的著作权不成？”

王小梦捡起文件，发现是一份关于童谣的征集文件，仔细阅读，发现征集声明中写着“入选作品版权、使用权归区教育局所有”的字样。

“老师，对不起。我不是说你……”顿时，王小梦不知所措。

“教育局的文件，能当儿戏？况且，这些入选的童谣作品，区教育局会结集出版。到时候，你不也一样感到很光荣吗？”班主任见王小梦灰心丧气的样子，换了一种语气，安慰起她来。

王小梦点点头，但心里总有一个疙瘩。当王小梦再次要求杂志社的编辑阿姨撤销刊载童谣时，小区的张律师通知她去一趟。原来，编辑阿姨认识王小梦小区的张律师，她对王小梦所在学校的做法看不过去，特地拜请张律师帮王小梦维权来了。

张律师带着王小梦来到学校，找到她的班主任，说明来意。

“区教育局的征集声明中明确了作品著作权归属，尤其声明了‘所有来稿恕不退还，入选作品版权、使用权归区教育局所有’。这是区教育局的规定，我也没办法。”班主任也要听从上级安排。最主要的是，区教育局一直以来都是这样操作的，而且很长一段时间，大家也没有异议。

“虽然区教育局的童谣征集声明中写着‘入选作品版权、使用权归区教育局所有’的字样，但并不代表就能无视作者的辛苦创作。作者也没有义务‘无私奉献’，顶多只能算个‘要约邀请’。要约邀请又称为‘要约引诱’，在《民法典》第四百七十三条中，要约邀请是指希望他人向自己发出要约的意思表示，属于当事人订立合同的预备行为，要约邀请的目的是让对方对自己发出要约，是订立合同的一种预备行为，在性质上是一种事实行为，并不产生任何法律效果，即使对方依邀请对自己发出了要约，自己也没有承诺的义务。因此，要约邀请本身不具有法律意义。不能因相对人的承诺而成立合同。”张律师说。

“可是，小梦的童谣是在我们的安排、规定下完成的。”班主任一心向着区教育局。

“《著作权法》第十七条规定，受委托创作的作品，著作权的归属由委托人和受托人通过合同约定。合同未作明确约定或者没有订立合同的，著作权属于受托人。《著作权法实施条例》第二十三条规定，使用他人作品应当同著作权人订立许可使用合同，许可使用的权利是专有使用权的，应当采取书面形式，但是报社、期刊社刊登作品除外……虽然小梦的童谣是在你们的安排下创作的，但著作权应该属于小梦。而如果你们需要采用她的童谣，还需要与她签订合同。”张律师笑着说。

“一直以来，我都只顾着听从上级安排，也没注意这些法律细节，还差点铸成大错。”班主任老师明白过来，愧疚地看着小梦。

“如此说来，我的童谣我做主啦！”王小梦兴奋得跳了起来……

（文中人物均为化名）

法律知识链接

《著作权法实施条例》第六条规定，著作权自作品创作完成之日起产生。第二十三条规定，使用他人作品应当同著作权人订立许可使用合同，许可使用的权利是专有使用权的，应当采取书面形式，但是报社、期刊社刊登作品除外。

《著作权法》第十七条规定，受委托创作的作品，著作权的归属由委托人和受托人通过合同约定。合同未作明确约定或者没有订立合同的，著作权属于受托人。

本故事中，王小梦的童谣的著作权自创作之日起就产生了。虽然她是按照学校的规定进行创作的，但学校并没有与她订立合同，而教育局的征集声明在征集者与应征者之间是不直接产生著作权法律关系的，依照《著作权法》的强制性规定和要约引诱的法律特征，理当维权成功。

15. 发生在暴风雨前的车祸

一片片乌云从天边压过来，雷声一声紧似一声，暴风雨马上就要来了。乡村公路上，小松把单车骑得飞快，他想赶在大雨来临之前去学校接弟弟放学。突然，一辆侧翻的三轮车映入小松的眼帘，几个乘客被甩出车外，场面很是惨烈。小松再一看，发现弟弟小兵竟然也倒在血泊之中……

小松看看手表，发现距离弟弟放学还有一节课的时间。按理，弟弟小兵此时应该在学校学习才对，怎么会在这里？怎么还会发生车祸？小松以为自己看花了眼，便揉揉眼睛，结果发现躺在地上的那个小孩真的就是小兵。

小松刚满 18 岁，因为高考结束，学习方面一下子松了下来，妈妈便把接送弟弟小兵上下学的任务交给了他。小兵上二年级，他所在的乡村小学离家很远。平时，小兵都是由妈妈接送，遇到妈妈有事不能前往的情况，他就会自行乘坐学校门口的三轮车返家。可是，今天小松明明告诉过小兵放学后会去接他，他怎么会自行乘坐三轮车？小松很是不解。

“小伙子，别傻愣着，快来搭把手，把这些伤者送进医院，别耽误了伤情。”几个好心的路人七手八脚地帮忙把伤者抬进一辆面包车。他们见小松傻愣着，便叫他也上车帮忙。

“哦……”小松回过神，跟着面包车去了医院。途中，小松打电话，把弟弟乘坐三轮车发生事故的消息告诉了父母。

伤情检查报告很快出来，弟弟小兵的肋骨折断两根，需要立即手术，院方要小松家预付治疗费 3 万元。

“都是我不好，没来得及接弟弟放学。如果弟弟坐上我的单车，就不会发生这样的事……”看着伤势严重的弟弟，小松很内疚。父母一到，他就扑通一声跪在地上，请求原谅。

父母没有责备小松，可家里本来就不富裕，哪来那么多钱给弟弟治疗？为此，小松、小松的父母都一筹莫展。小松妈妈想到是因为三轮车发生侧翻才出的事故，于是去找三轮车主理论。

“对不起，我也不是故意的。我只想赶在暴风雨来临之前，跑完这一趟车。”三轮车主也伤得很严重，他深感抱歉，还愿意赔付自己所有家当为小兵治病。这让本来火冒三丈的小松父母心里平和了一些。可经过进一步了解，小松父母发现三轮车主家很穷，住茅草屋，三轮车也是借钱买来的，根本无力赔付。

“可恶的暴风雨，让暴风雨赔钱！”由于暴风雨来临前，小松打算去接弟弟，但还没到学校，弟弟就出事了，所以小松生气地吼道。

小松的叫声惊动了同病房的一位伯伯，伯伯了解他们的情况之后，认为是学校提前放学才导致弟弟发生车祸。他让大家去找学校试一试。

为了给小兵交纳治疗费，小松和父亲来到学校，找到小兵的班主任。

“那天暴风雨来临之前，学校发现大部分学生身着短衣短裤，考虑到学生容易感冒，才决定第二节课一结束就提前放学。”班主任告诉小松父子，学校提前放学，也是为了孩子着想，希望他们能够理解。

“但学校并没有提前通知，我才没能及时赶到学校接小兵。”小松执意要学校赔偿。

“学校把提前放学的决定口头通知各班级及幼儿园时，曾交代各班主任、科任老师，要同时提醒学生路上注意安全。我们也认真对孩子做了安全方面的交代，根据教育部《学生伤害事故处理办法》的规定，学生在放学途中发生的伤害事故，学校不承担责任……我们学校不会同意赔偿。”班主任认为放学前已经提醒孩子注意安全，尽到了告知义务。

“可是，如果不是因为你们提前放学，我们家小兵也不会自行乘坐三轮车回家。不乘坐三轮车就不会出车祸。”小松说。

“小兵的车祸与学校提前放学没有直接的因果责任关系，所以学校没有责任。”班主任拒不承认学校有过错。

双方争执不下，小松家于是把学校告上了法庭。

“《未成年人保护法》第十八条规定，未成年人的父母或者其他监护人应当为未成年人提供安全的家庭生活环境，及时排除引发触电、烫伤、跌落等伤害的安全隐患；采取配备儿童安全座椅、教育未成年人遵守交通规则等措施，防止未成年人受到交通事故的伤害；提高户外安全保护意识，避免未成年人发生溺水、动物伤害等事故。第三十五条规定，学校、幼儿园应当建立安全管理制度，对未成年人进行安全教育，完善安保设施、配备安保人员，保障未成年人在校、在园期间的人身和财产安全。学校、幼儿园不得在危及未成年人人身安全、身心健康的校舍和其他设施、场所中进行教育教学活动。学校、幼儿园安排未成年人参加文化娱乐、社会实践等集体活动，应当保护未成年人的身心健康，防止发生人身伤害事故。本案中，虽然小兵的车祸与学校提前放学这一事实之间没有必然的因果关系，但学校提前放学，未通知未成年学生的家长，致使其处于无人监控之下，违反了《教育法》和《未成年人保护法》的有关规定，未尽到教育、管理之职责中的‘谨慎之义务’，其过错是非常明显的。”最终，法院宣判了校方的责任。

宣判后，校方对判决无异议，积极给付了小兵的治疗费。

“安全第一，千万不可大意。”后来，小松填报了师范学院。他暗下决心，在将来的工作中一定要把孩子的生命安全放在首位。

（文中人物均为化名）

法律知识链接

《未成年人保护法》第十八条规定，未成年人的父母或者其他监护人应当为未成年人提供安全的家庭生活环境，及时排除引发触电、烫伤、跌落等伤害的安全隐患；采取配备儿童安全座椅、教育未成年人遵守交通规则等措施，防止未成年人受到交通事故的伤害；提高户外安全保护意识，避免未成年人发生溺水、动物伤害等事故。

第三十五条规定，学校、幼儿园应当建立安全管理制度，对未成年人进行安全教育，完善安保设施、配备安保人员，保障未成年人在校、在园期间的人身和财产安全。学校、幼儿园不得在危及未成年人人身安全、身心健康的校舍和其他设施、场所中进行教育教学活动。学校、幼儿园安排未成年人参加文化娱乐、社会实践等集体活动，应当保护未成年人的身心健康，防止发生人身伤害事故。

《民法典》第一千一百九十九条规定，无民事行为能力人在幼儿园、学校或者其他教育机构学习、生活期间受到人身损害的，幼儿园、学校或者其他教育机构应当承担侵权责任；但是，能够证明尽到教育、管理职责的，不承担侵权责任。

本故事中，虽然小松弟弟的受伤与学校提前放学这一事实之间没有必然的因果关系，但学校提前放学，未通知家长，致使其处于无人监控之下，违反了《未成年人保护法》和《民法典》的有关规定，未尽到教育、管理之职责中的“谨慎之义务”，不能证明自己尽到了教育、管理职责。因此，不能免除学校应承担的责任。

16. 羊杂馆的“老规矩”

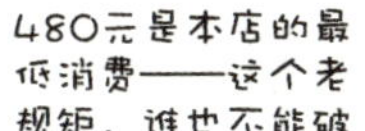
480元是本店的最低消费——这个老规矩，谁也不能破！

你们一定是算错了。

我有种被欺负了的感觉。
我们还是找消费者协会吧！

国家发改委和商务部联合发布的《餐饮业经营管理办法（试行）》第十二条规定，禁止餐饮经营者设置最低消费。

走，咱去找他们理论。

张力 14 岁生日那天，恰逢星期天。妈妈加班没空陪他，便给他 500 元现金，让他中午和好朋友出去聚一聚。张力最喜欢吃羊杂，现在又有了钱，变得底气十足，他邀上好朋友夏风、米杨，径直去了位于城中心的一家羊杂馆。张力打算吃完羊杂之后，和好朋友一起去欢乐谷玩，所以点菜的时候，尽量看着价钱，仅点了几份不算贵的菜。可是，当他去结账时，服务员却告诉他消费了 480 元。

张力一听，立马觉得不对劲。他想，明明自己只点了几个小菜，怎么可能一下子消费掉 480 元？夏风和米杨也觉得挺蹊跷，三个人拿着菜单价目表，对着所消费的菜品仔仔细细地计算了半天，也没“算够”480 元。

“你们一定是算错了。”张力据理力争。

“480 元是本店的最低消费——这个老规矩，谁也不能破！”服务员的言外之意是，即使消费不足 480 元，也应该按照最低消费结账。

“你为什么不早说？”张力心想，要是早知道这家羊杂馆有这一条“老规矩”，他才不会来呢。

服务员指着门厅上的“本店最低消费 480 元”字样，认为已经“写明”，没有“说”的必要。

张力一听，真后悔进店时没看清楚，他摸摸兜里的 500 元，想到如果按照店家的“老规矩”结算，自己就只剩下 20 元，不能去欢乐谷玩不说，连打车回家的钱恐怕都不够。于是，他灵机一动，问：“我们还是小孩，可不可以少给一点儿？”

“小孩子吃饭也得付钱呀！”服务员提高音调，话说出来的感觉就像张力他们吃了羊杂想赖账一样。羊杂馆里的人把目光齐刷刷地投向张力。顿时，张力的脸一下子红到耳根，他连忙付钱走人。

“张力，去欢乐谷的钱，我们俩出吧！”出了羊杂馆，夏风和米杨对张力说。

“我有种被欺负了的感觉。”张力经历了“最低消费”的“老规矩”，心里有种说不出的憋屈，他想恐怕去了欢乐谷，也不会欢乐。

其实，夏风和米杨的心里和张力一样难受。他们想了想，决定一起讨回公道。夏风和米杨想到羊杂馆的这种行为应该属于乱收费，觉得应该找物价局来评评理。可是，他们一时半会儿也找不到物价局的电话。

“我们还是找消费者协会吧！”由于消协的电话众所周知，所以三个小伙伴很快就想到找消协，可消协的电话却一直打不通。这时，他们突然想起时值周日，消协不上班。

“即使消协来了，也得有法可依才行。”张力决定拿起法律武器维权，他想反正今天也没办法玩得开心，倒不如去书店寻找维权的法律知识。

说干就干，张力和夏风、米杨三个人飞快地来到书店。他们来到法律书专柜，向服务员询问有没有管理乱收费的法律。

“《价格法》《消费者权益保护法》……”服务员阿姨见三个小伙伴很好学，便和蔼可亲地回答。

“谢谢阿姨！”张力、夏风和米杨像见了宝贝似的，从书架上取出一部部法律书，仔细地阅读起来。可他们找来找去，也没找到一款专“治”按照最低消费标准乱收费的条款。

“阿姨，有没有专门‘治’最低消费的法律书？”夏风问。

“这个，你们只能自己看，我也不太清楚。”服务员只顾着管理书目，对书中的内容不太了解，她遗憾地耸耸肩。

没办法，三个小伙伴只得自己寻找。很长一段时间后，他们还是一无所获。正当他们准备离开之时，夏风的邻居李叔叔走到法律书专柜，他也来选书，不过他选的书目全是一些深奥的法学论著，张力他们看也看不懂。

李叔叔是一位职业律师，懂得很多。夏风灵机一动，跑过去缠着李叔叔帮忙想办法。

“对于最低消费，现行的《消费者权益保护法》没有针对性条款。”听完大家的陈述，李叔叔说。

“是不是就没法律能‘治’得了它呢？”张力的心提到了嗓子眼。

“国家发改委和商务部联合发布的《餐饮业经营管理办法

（试行）》第十二条规定，禁止餐饮经营者设置最低消费。同时，第二十一条第二款规定，对于餐饮经营者违反本办法的行为，法律法规及规章有规定的，商务主管部门可提请有关部门依法处罚；没有规定的，由商务主管部门责令限期改正，其中有违法所得的，可处违法所得 3 倍以下罚款，但最高不超过 3 万元；没有违法所得的，可处 1 万元以下罚款……”李叔叔笑着说。

“走，咱去找他们理论。”张力决定将维权进行到底，请李叔叔一同前往羊杂馆……

（文中人物均为化名）

法律知识链接

《餐饮业经营管理办法（试行）》第十二条规定，禁止餐饮经营者设置最低消费。第二十一条第二款规定，对于餐饮经营者违反本办法的行为，法律法规及规章有规定的，商务主管部门可提请有关部门依法处罚；没有规定的，由商务主管部门责令限期改正，其中有违法所得的，可处违法所得 3 倍以下罚款，但最高不超过 3 万元；没有违法所得的，可处 1 万元以下罚款；对涉嫌犯罪的，依法移送司法机关处理。

本故事中，张力和小伙伴去羊杂馆消费，消费标准没有达到商家的“最低标准”，商家按照以往的“老规矩”，以“最低标准”结算，违反了《餐饮业经营管理办法（试行）》第十二条之规定，必将受罚。

17. “穿越时空”的面包

咦？这面包的生产日期怎么是两天后的？难道我穿越了？
面包昨天才生产出来，绝对没问题。
可包装袋上的时间怎么会是两天后呢？
主要是包装袋打印的时候，时间打错了。赔你一个新鲜面包就是。
咦？怎么成了五天后了？穿越得真快！
情节恶劣，造成严重后果的，依照有关法律、行政法规规定进行处罚……
你们这个店里的面包总不可能都错了吧？
这……

暑假的一天，马月一个人猫在空调屋里看穿越小说。由于小说的情节引人入胜，非常有吸引力，所以马月看得入了迷，以至于过了晌午也浑然不觉。父母中午不回家，他们提前做了可口的饭菜放在冰箱，马月只需要热一热便可以吃。

马月打开冰箱，正要热饭，看到冰箱里还有一个面包。马月记得这个面包是前一天买的，由于吃别的零食，她才把面包暂存冰箱。马月一来想要接着看自己的穿越小说，二来觉得面包放久了也不好，于是从冰箱里拿出面包，一边吃一边看穿越小说。

当她吃到一半的时候，突然发现面包包装袋上的生产日期竟然是两天后。面包明明是前一天买回来的，为什么生产日期会在两天后？开始的时候，马月以为自己记错了日期，于是她翻看手机上的日历，结果发现自己根本就没有记错。

“莫非我已经穿越了时空？”马月联想到小说中的情节，忍不住突发奇想。为了核实自己穿越时空的真实性，她不动声色地打电话给自己的好朋友，询问“现在的时间”，结果好朋友告诉她“现在的时间”就是当天的时间。

对比面包上的生产日期，马月明白，穿越的不是自己，而是手里的面包。她认为这个“穿越时空”的面包必定是卖家作假，以此延长产品的保质期。如果按照这个思路来想的话，这个面包过期了也说不定。

"会不会食物中毒呢？"马月来到厕所，把刚吃下的面包一股脑儿地吐了出来。有了倒胃口的面包，马月也不想吃冰箱里的饭菜了，心里越想越觉得恶心。

为了讨回公道，马月来到前一天买面包的面包店，要店主给个说法。

店主一听，不以为然，直说面包是昨天才生产出来的，应该没问题。

"可包装袋上的时间怎么会是两天后呢？"马月不太相信店主的话，于是问。

"主要是包装袋打印的时候，时间打错了。"店主想要搪塞过去。马月不依不饶，愣是要店主给个说法。

"赔你一个新鲜面包就是。"店主从烤箱里拿出一个刚烤好的面包，包好后拿给马月，便不再理会她。马月掂了掂手里的面包，还冒着热气，应该是百分百的新鲜面包，可她再一看，包装袋上的生产日期却变成了5天后。

"穿越得还真快！"马月的心里再也不能平静。此刻，她终于明白自己要的并不是一个面包，而是一个公正的说法。这个说法不是一个面包，而是一个道歉，一个"改正"，但店家的做法令她的心都凉了半截。

马月不动声色地观看面包店里的面包，发现很多都具有"穿越"的特点。为了不让面包店危害到更多人的健康，马月离开面包店后，把这件事告诉了父母。

马月父亲的一位同事曾有因为买到一件假货，去找商家理赔，获得了假一赔十的先例，所以马月父亲认为这也应该假一赔十。不过细细一想，即使面包赔付十个，也不能对面包店起到警示作用，而且他们还会继续危害其他人的健康。

“公事公办，这还得请消协出面。”马月的父亲认为这不是件小事，应该找消费者协会出面，于是一个电话打到消协。消费者协会的叔叔和食品药品监督管理局的执法人员一起来到面包店。

面包事小，健康事大。马月对这次事件很在意，消协的人一到，她就赶到现场。

“《食品标识管理规定》第九条第一款规定，食品标识应当清晰地标注食品的生产日期、保质期，并按照有关规定要求标注贮存条件。”消协的叔叔首先否定了面包店的做法。

“我们主要是包装纸用错了。”面包店店主故技重演。

“《食品标识管理规定》第十九条规定，禁止有伪造或者虚假标注生产日期和保质期的食品标识违法行为。第三十二条规定，伪造或者虚假标注食品生产日期和保质期的，责令限期改正，处以500元以上1万元以下罚款；情节严重，造成后果的，依照有关法律、行政法规规定进行处罚……你们这个店里的面包总不可能都错了吧？”消费者协会的叔叔的话很有力度。

紧接着，食品药品监督管理局的执法人员查扣了该面包店所有的"穿越面包"，并做出了暂停其生产的处罚意见。面包店店主一听，后悔不迭。

"做生意，也得凭良心。"执法人员的处理意见令消费者大快人心，当然马月也有了一种维权成功的喜悦。

（文中人物均为化名）

法律知识链接

《食品标识管理规定》第九条第一款规定，食品标识应当清晰地标注食品的生产日期、保质期，并按照有关规定要求标注贮存条件。第十九条第一项规定，禁止有"伪造或者虚假标注生产日期和保质期"的食品标识违法行为。第三十二条规定，伪造或者虚假标注食品生产日期和保质期的，责令限期改正，处以 500 元以上 1 万元以下罚款；情节严重，造成后果的，依照有关法律、行政法规规定进行处罚。

《消费者权益保护法》第五十六条第一款规定，经营者具有"伪造商品的产地，伪造或者冒用他人的厂名、厂址，篡改生产日期，伪造或者冒用认证标志等质量标志"的情形，除承担相应的民事责任外，其他有关法律、法规对处罚机关和处罚方式有规定的，依照法律、法规的规定执行；法律、法规未作规定的，由工商行政管理部门或者其他有关行政部门责令改正，可以根据情节单处或者并处警告、没收违法所得、处以违法所得 1 倍以上 10 倍以下的罚款，没有违法所得的，处以 50 万元以下的罚款；情节严重的，责令停业整顿、吊销营业执照。

本故事中，面包店店主为了“延长”面包的保质期，故意把标注的生产日期延后，这种做法严重损害了消费者的利益，理当受罚。如果我们遇到类似情况，也要及时主动维权。

18. 被卖掉的店面

我交了2年的房租，现在才租用不到2个月。
我只收你2个月房租，其余的我会如数退还给你。
你硬是要继续租房，那么房租就得翻十倍。
什么……
为了清洁街面，禁止你乱摆摊点。
街道办事处的管理员和那位新房东是亲戚，你还是放弃吧。
太欺负人了。
旧房东在出卖门面时，应该通知承租人小伟，在此次购买中，小伟应当享有优先购买权……
好吧，我继续租给他好了……

职校毕业后，小伟回到家乡小镇，在当地最显眼的地方租了一间店面，开起了小面馆。小伟在职校学的是厨师专业，他凭着出色的厨艺，把小面馆做得风生水起。正当他备感欣慰，有了一点小小的成就感时，房东却让他务必在三天之内搬离小面馆。

当初，小伟租住这间店面的时候，就是看中了店面地势当道，客流量大，如果搬离的话，一定会严重影响面馆的生意。小伟想起租房时房东一脸喜悦，不明白为什么在他的生意火起来之后，房东却翻脸不认人。

小伟找到房东，一来了解不出租的缘由，二来也想请房东网开一面，让自己继续租用小店面。房东一听，面露难色，说自己的小店面已经卖给别人了。

“可是，我交了 2 年的房租，现在才租用不到 2 个月。”突如其来的变故，让小伟措手不及。

“我只收你 2 个月房租，其余的我会如数退还给你。”房东说这话的时候，显得很轻松。但小伟听起来却特别刺耳，更感觉到委屈。他没有接受房东的退款，拿出当初签下的租赁合同，要求房东继续履行租赁合同上的内容，最起码也得让他租满 2 年。

房东摆摆手，推说现在小店面已经不属于他，他没有权利出租小店面给小伟。不过，他建议小伟拿着合同去找新的房东试一试。

小伟见旧房东也没辙，又去找新房东。新房东是一位看起来很泼辣的妇女，她斜眼看了看小伟的租房合同，阴阳怪气地吼道：“这个合同又不是我签下的，与我可没有半点关系。”

“阿姨，我也不是来找您理论的。我主要是想……”小伟被新房东这么一吼，顿时乱了阵脚，变得语无伦次起来。

“这个小店面，我有自己的用途，你最好别动心思。如果你硬是要继续租房，那么房租就得翻十倍。”新房东看穿了小伟的心思，她态度坚定地说。

小伟仔细算了一下，面馆的生意虽然很火，但如果交付比原来多很多的房租，别说盈利，恐怕不亏本就不错了。看来，新房东是铁了心不会租房了。为此，小伟愁眉不展。

小伟思来想去，决定重新租房。他找遍了小镇的每一个角落，发现要找到一间像之前那样地理条件好、客流量大的店面，简直难上加难。

三天的期限很快过去，虽然小伟没有租到店面，但他还是被房东逼出了出租的小店面。几天后，他发现新房东竟然在他之前租用的小店面那里也开了一家面馆。许多顾客都冲着小伟的“老字号”，光临面馆。

要强的小伟灵机一动，索性买来一辆三轮车，并把三轮车改装成临时的面食摊点，在之前租赁的店面附近做起了生意。

很快，食客们便明白其实小伟的面馆已经成为流动摊点，便争相光临。小伟的生意又做起来了。令小伟没想到的是，街道办事处的管理员以“为了清洁街面，禁止乱摆摊点”为由，让他撤销面食流动摊点。

“小伟，街道办事处的管理员和那位新房东是亲戚，你还是到大城市打工吧！”知道内情的街坊邻居纷纷劝小伟别较真，索性出去打工。

“其实，小店面是我租赁在先。新房东实在欺人太甚……”大家越劝，小伟越觉得心里不好受。他于是拿着之前店面的租赁合同，来到城里的一家律师事务所，请求法律援助。

“你的店面一定能继续租用的。”律师给出肯定的答复。小伟一听，有些担心。

“我国《民法典》第七百二十五条规定，租赁物在承租人按照租赁合同占有期限内发生所有权变动的，不影响租赁合同的效力。《最高人民法院关于审理城镇房屋租赁合同纠纷案件具体应用法律若干问题的解释》第二十条规定，租赁房屋在租赁期间发生所有权变动，承租人请求房屋受让人继续履行原租赁合同的，人民法院应予支持……所以你最起码应该获得继续租用的权利。”律师说。

听了律师的话，小伟就像吃了一颗定心丸。他拿着租房合同，找到旧房东，把其中的利害关系一一道明，要旧房东继续租房给他。

“可是，房屋已不是我的，不由我说了算。”旧房东双手一摊，也很无奈。

“如果你不履行你应当履行的职责，我将要起诉你。”小伟说起话来底气十足。

旧房东也不想把事情闹大，于是和小伟来到小店面，和新房东协商，让新房东让出店面。新房东一听，指着旧房东大骂一通，说她才是房子的主人。房子要怎么处理，得她说了算。

由于新房东毫不让步，小伟不得已只得把律师事务所的律师请来，替他维权。

“我国《民法典》第七百二十六条规定，出租人出卖租赁房屋的，应当在出卖之前的合理期限内通知承租人，承租人享有以同等条件优先购买的权利。旧房东在出卖店面时，应该通知承租人小伟，在此次购买中，小伟应当享有优先购买权……你看看是继续把店面租给小伟，还是……”律师的话不是危言耸听。

“继续租。”新房东生怕失去购买到的“黄金口岸”，一番权衡之后，决定继续租房给小伟。

“万事都要依法。”小伟决定好好把面馆做起来。

（文中人物均为化名）

法律知识链接

《民法典》第七百二十五条规定，租赁物在承租人按照租赁合同占有期限内发生所有权变动的，不影响租赁合同的效力。第七百二十三条规定，因第三人主张权利，致使承租人不能对租赁物使用、收益的，承租人可以请求减少租金或者不支付租金。第三人主张权利的，承租人应当及时通知出租人。第七百二十六条规定，出租人出卖租赁房屋的，应当在出卖之前的合理期限内通知承租人，承租人享有以同等条件优先购买的权利。

《最高人民法院关于审理城镇房屋租赁合同纠纷案件具体应用法律若干问题的解释》第二十条规定，租赁房屋在租赁期间发生所有权变动，承租人请求房屋受让人继续履行原租赁合同的，人民法院应予支持。

本故事中，小伟的租赁合同在小店面转让之前签订，“买卖不破租赁”，所以房屋转让不影响小伟的租赁合同的效力。而且，小伟还享有小店面的优先购买权。

19. 爆炸的高压锅

你安心养病，钱的事儿交给我。
高压锅怎么会爆炸？一定是质量问题。
我们售卖的高压锅不存在质量问题，应该是你们自己使用不当造成的。
因为超市方没有严格把关，售卖不具备产品质量合格证的产品，所以存在过错，需要担责……
可是，我们超市只是卖出高压锅，总不会承担全责吧？
因产品存在缺陷造成人身、他人财产损害的，受害人可以向产品的生产者要求赔偿，也可以向产品的销售者要求赔偿。
下次采购的时候，还是要把好质量关！

母亲临时有事要出门，高压锅里还炖着排骨，便让正在做功课的姜旭留意高压锅的动静。姜旭上初三，是个听话的孩子，他点点头，目送母亲出门。

不一会儿，高压锅便发出“哧哧哧”的声响。姜旭知道那是排骨煮沸、气压上升的表现。凭着已有的经验，他知道此时应当把火关小一点儿，于是向厨房走去。突然，只听“砰”的一声，高压锅炸开，滚烫的排骨汤从“天”而降。顿时，姜旭感到一股刺骨钻心的疼痛，他眼前一黑，失去知觉……

醒来的时候，姜旭发现自己躺在医院的病床上。母亲告诉他，因为高压锅发生爆炸，他被严重烫伤，需要住院一个月之久。

姜旭一听，立马想到住院会耽搁学习，还会用到很多钱，而他是单亲家庭，母亲是一名纺织工人，收入不高，家里的经济条件可想而知。顿时，姜旭的脸色沉了下来。

“你安心养病，钱的事儿交给我。”母亲和父亲分开后，独自带着姜旭生活，她已经变得很坚强了。

虽然母亲这么说，但姜旭知道家里没有积蓄，亲戚朋友们也不会借钱给他们，所以母亲根本弄不到钱。怎么办呢？姜旭的脑子飞快地运转着。猛然间，他想到高压锅是一个星期前在一家超市所买，想必一定是高压锅的质量有问题，才导致爆炸，于是让母亲拿着购买高压锅的凭证去找超市方，说这样兴许能得到一部分治疗费。

“我们售卖的高压锅不存在质量问题。如果爆炸的话，应该是你们自己使用不当造成的。”超市的店员说。母亲觉得自己并没有不合理使用，于是立即拿着购买凭证去找超市的负责人。结果超市方的负责人以“证据不确凿”为由，拒不赔偿。

为了证明事故的真正原因出在高压锅的质量上，母亲把爆炸后的高压锅拿去做了质量鉴定。负责高压锅质量检测的专家表示：高压锅爆炸的直接原因是高压锅的设计有问题，导致锅盖上的排气孔堵塞。证据确凿之后，母亲又去找超市负责人，希望超市方对此次事故担责。

“我们超市在出售这种高压锅的时候，与厂家签订了一份合同，约定如果产品存在质量问题，商场负责退货，并双倍返还货款。因而，我们顶多只承担双倍返还货款的违约责任。”超市方负责人认为高压锅的质量缺陷不是他们造成的，一脸不屑地看着姜旭的母亲。

母亲想想也是，人家只负责售卖，也不知道质量有问题，于是垂头丧气地回到姜旭的病房。

“你们仔细想一想，看超市方有没有做得不到位的地方。”主治医生王大夫喜欢看一些法律维权书，他见姜旭家的情况确实困难，于是决定帮他们维权。

“好像没有合格证。”姜旭记得高压锅买回来的那天，他见没有合格证，还特地问了问母亲。当时，母亲说这是一批优惠的高压锅，只要能煮饭就行，也就没深究这个问题。

“售卖没有合格证的高压锅，就是超市方的不对。你们不妨以此为突破口，再找他们说说理。”王大夫建议姜旭母亲再去找超市方理论。

母亲于是又去超市，当她提出购买的高压锅没有产品合格证时，超市负责人不慌不忙地出示了一张“质量检验报告”，证明高压锅的质量经得起检验。这倒让姜旭母亲无言以对。

“质量检验报告一般来自委托检验，委托检验不是法定的检验，而是一种普通的质量检验类别，没有对受检方进行资质审查的规定，委托检验的结果仅对来样负责，目的在于使受检方对送检产品心中有数，不能证明其他同类产品的质量，它和产品合格证的性质完全不同。而且，我国目前尚无可以替代的法律依据，所以它不能替代合格证。”王大夫见姜旭母亲维权未果，建议她索性直接起诉超市。

由于超市方一味地推卸责任，姜旭的母亲忍无可忍，直接起诉了超市。

“《消费者权益保护法》第十六条第一款规定，经营者向消费者提供商品或者服务，应当依照本法和其他有关法律、法规的规定履行义务。《产品质量法》第二十七条第一款规定，产品或者其包装上的标识必须真实，并且有产品质量检验合格证明。……所以，合格证是商品必须具有的、法律明令具备的通行证。”庭审时，法官首先肯定了超市方售卖的产品不具备合格证的过错。“《产品质量法》第四十二条规定，由于销售者的过错使产品存在缺陷，造成人身、他人财产损害的，销售者应当承担赔偿责任。因为超市方没有严格把关，售卖不具备产品质量检验合格证的产品，所以存在过错，需要担责……”

“可是，我们超市只是售卖高压锅，总不会承担全责吧？”超市方负责人也觉得挺冤枉。

“《产品质量法》第四十三条规定，因产品存在缺陷造成人身、他人财产损害的，受害人可以向产品的生产者要求赔偿，也可以向产品的销售者要求赔偿。属于产品的生产者的责任，产品的销售者赔偿的，产品的销售者有权向产品的生产者追偿。属于产品的销售者的责任，产品的生产者赔偿的，产品的生产者有权向产品的销售者追偿……所以，姜旭和你都可以向厂家追责。”法官说。

“下次采购的时候，还是要把好质量关！”超市方负责人意识到自己的过错，打算向厂家追责。

“我深信，法院一定会对超市和厂家的责任作出公正的裁决。”听到这个结果，姜旭露出欣慰的笑容。

（文中人物均为化名）

法律知识链接

《消费者权益保护法》第十六条第一款规定，经营者向消费者提供商品或者服务，应当依照本法和其他有关法律、法规的规定履行义务。

《产品质量法》第二十七条第一款规定，产品或者其包装上的标识必须真实，并有产品质量检验合格证明。

第四十三条规定，因产品存在缺陷造成人身、他人财产损害的，受害人可以向产品的生产者要求赔偿，也可以向产品的销售者要求赔偿。属于产品的生产者的责任，产品的销售者赔偿的，产品的销售者有权向产品的生产者追偿。属于产品的销售者的责任，产品的生产者赔偿的，产品的生产者有权向产品的销售者追偿。

本故事中，姜旭家因使用没有合格证的高压锅而发生爆炸事故，根据“质量检验报告不能替代合格证”的原则，超市方存在过错，需要担责。但超市方也有权向厂家追责。

20. 没买保险的工伤

我一定是在皮鞋厂工作中毒的。

你们去找皮鞋厂的老板看看。

皮鞋厂给孩子买工伤保险没有？

没有

我们再去找找法律援助，看看没有参保的情况怎么办？

这方面应该有新的规定。

我们是市社保局工伤保险科的工作人员，是来给小丽垫付医疗费的。

谢谢！可我家小丽没买保险，后面的责任谁来负？

高中毕业后，18 岁的肖向丽在当地的一家皮鞋厂找了一份工作。工作几个月后，她突然感到身体不适，头晕头痛不说，还恶心呕吐，去医院一检查，被诊断为慢性重度苯中毒。

肖向丽不明白自己几个月前还好好的，为什么突然会苯中毒。她仔细地想了想自己这几个月以来的生活、工作。由于肖向丽主要负责皮鞋鞋面和鞋底的黏结工作，黏胶由苯（或甲苯）加氯丁橡胶或天然橡胶配制而成，所以她很快意识到自己一定是在皮鞋厂中毒的。

医生告诉她，必须住院治疗，每天要用药物控制病情，还需要医护人员照顾。本来肖向丽出来打工是为了减轻父母的负担，没想到会出事故，还给家里增加了医疗负担。这对于原本就不富裕的肖向丽家而言，无疑是雪上加霜。

不能上班，整天还得待在医院，肖向丽备受煎熬。正当肖向丽和父母为之心焦时，医院向他们发出了催款通知。住院不到一周，她就花费了 1 万多元，如果选择继续治疗，就得先预付 2 万元医疗费。

无奈，肖向丽的父母只得向亲戚借钱，可势利的亲戚们并不乐意借钱给他们。尝尽人情冷暖的父母垂头丧气地呆坐在肖向丽的病床前，不知如何是好。

“我的毒是在皮鞋厂中的，你们去找皮鞋厂的老板看看。”看着愁容满面的父母，肖向丽也在想办法。

怀着试一试的心态，肖向丽的父母来到皮鞋厂，找到她之前工作的车间，请车间主任给个说法。车间主任一听，摆摆手，让他们去找经理。当肖向丽的父母找到经理时，经理又让他们去找财务科。财务科的人一听，立马推说厂子资金周转不灵，没钱外借，更不可能给一个临时工垫付医疗费。

“我们家小丽是在工作期间中毒的，你们应该对她负责。”对于皮鞋厂的做法，肖向丽的母亲很气愤。

“真是在这里中毒，我们也会负责。但你得拿出证据来。”财务科的人讲求证据。这倒是肖向丽的父母万万没想到的。不过，这也给肖向丽的父母一个启示，那就是要鉴定孩子中毒的真正原因。

为此，他们找到当地的法律援助中心，请求法律援助。工作人员很热情，他们听了肖向丽父母的诉说之后，心里已经明白了几分。

“我们建议你们先让孩子做工伤鉴定。”工作人员说。

很快，父母为肖向丽做了鉴定，结果职业病防治医院诊断出她为职业性慢性重度苯中毒。由此，当地劳动和社会保障局认定肖向丽为工伤。

“事实证明，你们得为孩子的病情负责。”肖向丽的父母拿着鉴定书去找皮鞋厂负责人，要求皮鞋厂垫付医疗费。

“我们会垫付，但现在不行。”皮鞋厂负责人见证据确凿，便换了一个态度，但就是不给钱，这等于没有解决肖向丽家的实际困难。

为了孩子，肖向丽的父母几次找负责人协商，但都未果。到后来，皮鞋厂负责人拒不接见他们。

“皮鞋厂给孩子买工伤保险没有？”他们的情况被同一病室的一位病友知道，病友有医疗保险，医疗费不愁。他问肖向丽买保险没有，如果买了保险就可以找保险公司先行垫付。

“没有。”肖向丽回答。

“没有保险，就不好说了。”病友摇摇头。

“可是，孩子的病情会恶化，怎么办？”肖向丽的父母无助地互相望着。

“我们再去找找法律援助。看看没有参保的情况怎么办？”父亲说。

“这方面应该有新的规定。”工作人员建议去市社保局工伤保险科寻求帮助。

几经周折，肖向丽的父母找到市社保局工伤保险科的工作人员。工作人员听完他们的诉说，对肖向丽的情况很是同情，答应尝试帮助他们寻找解决目前面临的问题的办法。

“《社会保险法》第四十一条规定，职工所在用人单位未依法缴纳工伤保险费，发生工伤事故的，由用人单位支付工伤保险待遇。用人单位不支付的，从工伤保险基金中先行支付……

不过，我们还需要请示一下上级，才知道究竟能不能解决问题。”工作人员说。

肖向丽的父母不知道工作人员所言的能不能兑现，忐忑不安地回到医院。两天过去了，工作人员没有带来消息。因为没有垫付医疗费，医院下了“逐客令”，所以肖向丽的父母准备让肖向丽出院，到乡镇去治疗。

正当他们准备离开时，市社保局工伤保险科的几名工作人员来到医院，替他们垫付了医疗费。

“谢谢！可我家小丽没买保险，后面的责任谁来负？”肖向丽的父母很感动，庆幸有了好政策。

“《社会保险法》第三十三条规定，职工应当参加工伤保险，由用人单位缴纳工伤保险费，职工不缴纳工伤保险费。《工伤保险条例》第六十二条规定，用人单位依照本条例规定应当参加工伤保险而未参加的，由社会保险行政部门责令限期参加，补缴应当缴纳的工伤保险费，并自欠缴之日起，按日加收万分之五的滞纳金，逾期仍不缴纳的，处欠缴数额1倍以上3倍以下的罚款……皮鞋厂不给你买保险违法，我们先行垫付，后向皮鞋厂追责。”工作人员依据相关法律，替肖向丽维权。

问题得到解决，肖向丽一家露出感恩的微笑。

（文中人物均为化名）

法律知识链接

《社会保险法》第三十三条规定，职工应当参加工伤保险，由用人单位缴纳工伤保险费，职工不缴纳工伤保险费。第四十一条第一款规定，职工所在用人单位未依法缴纳工伤保险费，发生工伤事故的，由用人单位支付工伤保险待遇。用人单位不支付的，从工伤保险基金中先行支付。

《工伤保险条例》第六十二条第一款规定，用人单位依照本条例规定应当参加工伤保险而未参加的，由社会保险行政部门责令限期参加，补缴应当缴纳的工伤保险费，并自欠缴之日起，按日加收万分之五的滞纳金；逾期仍不缴纳的，处欠缴数额1倍以上3倍以下的罚款。

《社会保险基金先行支付暂行办法》第六条第二款规定，职工被认定为工伤后，用人单位拒绝支付全部或者部分费用的，职工或者其近亲属可以持工伤认定决定书和有关材料向社会保险经办机构书面申请先行支付工伤保险待遇。

本故事中，肖向丽没有参加保险，而用人单位拒绝垫付医疗费。根据《社会保险基金先行支付暂行办法》相关规定，社会保险经办机构先行垫付。但社会保险经办机构有权向用人单位追责。

21. 欠债人的遗产

父亲生前有借你家的钱吗？
难道你想赖账？
父亲的房子是留给我的，又不是拿来抵债的。
如果他继承父亲的遗产，就另当别论了。
只要他继承房产就得还钱。
本庭宣判被告用被继承人的房产偿还债务……

一连好几天，初三学生李杰的父亲都感到头晕、头痛，浑身不舒服。他以为自己患上了感冒，便随便买了一些感冒药吃，结果一点儿效果也没有。去医院一检查，才发现他的脑部长了一个瘤，虽然是良性的，但若不及时摘除，也会严重影响正常的工作和生活。

医生一番权衡利弊之后，决定给李杰父亲做脑瘤摘除手术。脑瘤摘除手术是一个大手术，技术含量高，医生让李杰母亲准备 8 万元手术费。李杰的父母都是老老实实的工人，收入也不高，家里省吃俭用才积攒下 8 万元存款。可两年前，李杰的远房亲戚马叔叔为了扩大生意，把 8 万元也借走了。

要想在很短的时间内凑足手术费，唯一的办法就是向马叔叔开口，让他把 8 万元还回来。为此，李杰的母亲致电马叔叔，说明了需要他还钱的缘由。马叔叔一听，立马爽快地答应两天后就把 8 万元送到李杰家里。

李杰和母亲一听，舒了一口气。因为手术费有了着落，所以李杰的父亲也就放心地住进了医院。然而，两天过去了，马叔叔并没有把钱送来。李杰一问，才知道马叔叔突发心脏病刚刚去世了，他唯一的亲人，也就是他的儿子元强正忙着为他处理后事。李杰一家心想，既然人家家里正在办丧事，也不好马上去讨债，决定索性等几天再说。

一个星期之后，李杰父亲的病情越发严重，不得已之下，李杰和母亲来到马叔叔家，请元强把马叔叔借的钱还上。

“父亲生前有借你家的钱吗？”元强一听，似信非信地看着李杰母子。李杰母亲拿出马叔叔的借据，说明马叔叔有借钱的事实。

“可父亲的债务应该由父亲还才对，我又不欠你们家的钱。”没想到元强看了看借条，说出令李杰母子万万没想到的一句话。

“难道你想赖账？”李杰一听，立马想到如果没了这 8 万元，父亲就不能得到好的医治，便带着哭腔问。

“不是我赖账。我们国家的法律又没有规定父债子还。”元强挺了挺身板。李杰母子再说，元强就用一句“父亲又没留下什么遗产，我更没钱还债”搪塞他们。

李杰母子明白，再说也于事无补。不过，他们想到马叔叔生前是做生意的，而且前两天还答应还钱，所以他们猜测马叔叔不是没有钱。想要收回债务，唯一的方法就是让元强说实话。

为此，李杰母子对马叔叔家的产业来了一个明察暗访。很快，他们就发现马叔叔这一年做生意亏得很厉害，欠债累累，他的心脏病也是因为生意上的挫败而患。目前，马叔叔名下唯一的财产就是位于某小区的一套价值大约 60 万元的房产。

“既然你父亲留下房产，房产也是遗产，我们的钱你还是要想办法还上。”为了尽快找回李杰父亲治病的钱，李杰母亲对元强说。

“父亲的房子是留给我的，又不是拿来抵债的。”元强认为自己是父亲的遗产的法定继承人，不答应用父亲的房产抵债。而且，他认定法律上没有父债子还这一款，说什么也不还钱。为此，他和李杰的母亲发生了争执。

争吵没有结果。李杰母亲不懂法，也不知道究竟可不可以父债子还。她想起之前有一位同事的先生是学法律的，于是向他咨询。

“我国《民法典》第一千一百五十九条规定，分割遗产，应当清偿被继承人依法应当缴纳的税款和债务……虽然我国现行法律没有‘父债子还’这一款，但是如果他继承父亲的遗产，就另当别论了。”同事的先生说。

“只要他继承房产，就得还钱。”李杰一听，如同吃了一颗定心丸。他和母亲再次向元强索要欠款。

意外的是，元强竟然对父亲的房产置之不理，既不说继承，也不说不继承，一直拖延不办理继承房产的手续。

“元强不继承马叔叔的房产，就可以不还钱。他这是在赖账。”李杰想到父亲的病，很是心痛，与马叔叔的另外几位债主联合起来，将元强告上了法庭。

“我国《民法典》第一千一百二十一条规定，继承从被继承人死亡时开始。第一千一百二十七条第一款规定，遗产按照下列顺序继承：（一）第一顺序：配偶、子女、父母……第一千一百二十四条规定，继承开始后，继承人放弃继承的，应当在遗产处理前，以书面形式作出放弃继承的表示。没有表示的，视为接受继承……本案中，被告元强为第一继承人，其父亲死后，继承开始。虽然被告对其父的房产没有表示继承与否，但根据《民法典》中‘没有表示的，视为接受继承’的相关规定，视其为接受继承。根据《民法典》第一千一百五十九条‘分割遗产，应当清偿被继承人依法应当缴纳的税款和债务’之规定，本庭宣判被告用被继承人的房产偿还债务……”法官言之凿凿地宣判。

最终，元强处理了父亲的房产，偿还了外欠的所有债务。

“如果元强书面放弃继承马叔叔的遗产，事情恐怕就没法这么顺利地得到解决。”李杰有些后怕地说。

“根据目前的法律规定，当债务人死亡，如果继承人书面放弃继承，债务人的财产就会处于无主状态，债权人就会因缺乏诉讼主体而得不到偿还。如果我国设立个人破产制度，债权人就可申报破产债权，得到救济……但这恐怕还需要一个过程。”李杰的话，让大家深思。

（文中人物均为化名）

法律知识链接

《民法典》第一千一百五十九条规定，分割遗产，应当清偿被继承人依法应当缴纳的税款和债务。

本故事中，欠债人马叔叔死亡之后，其子元强作为继承人，在继承遗产的基础上，应当清偿被继承人的债务，故李杰追债成功。

22. 门前有条“牛奶河”

好端端的小河，为什么变成了“牛奶河”？

给乡政府的环保部门反映过此事，可迟迟没有得到答复。

原来是这家矿石厂。

市级环保部门

谢谢你提供了这么重要的线索，我们马上处理。

希望不久之后，我再来舅舅家时，能看到清澈见底的小河流水。

李峰的舅舅住在乡下，那里山幽林茂，风景秀美。而令人印象最深刻的，要数舅舅家门前那条清澈见底的小河，不深不浅，刚好没过膝盖。一到夏天，舅舅就带着李峰到小河里捉鱼、捉虾。其乐无穷之余，李峰还能享受纯天然的鱼虾美味。

每年暑假，李峰都会去舅舅家住几天，对那儿的山山水水充满眷恋之情。今年，李峰刚一放假，就搭上了去舅舅家的大巴。几经颠簸，李峰到了舅舅住的乡镇，走过一段崎岖的山路，舅舅家那熟悉的小瓦房出现在眼前。可很快，李峰发现舅舅家门前那条清澈的小河不再清澈，变成了乳白色的“牛奶河”。

“好端端的小河，为什么变成了‘牛奶河’？”李峰不明白究竟发生了什么事，呆呆地望着小河中汩汩流淌的“牛奶”。

偶尔，几条死鱼浮上水面。

“这儿农田密布，我们洗菜、洗衣和灌溉庄稼就从这里取水。‘牛奶河’事件已经有十来天啦，自从水体变色之后，我们都不敢到小河里取水了……为此，我们村的人联合起来，给乡政府的环保主管部门反映过此事，可迟迟没有得到答复。”“牛奶河”给村民们的生产和生活带来极大的麻烦，舅舅深深地叹了一口气。

“这应该是严重的污染。”看着白色的“牛奶河”，李峰意识到事态的严重性，劝舅舅再次去向相关部门反映。

其实，舅舅也有这个想法。于是，他和村民们一起来到乡政府环保主管部门。

“就这点小事，过几天自然就没事了。”环保主管部门的工作人员对“牛奶河”事件见惯不惊，他们以要开重要会议为由，敷衍搪塞李峰的舅舅和乡亲们。

“我们自己去寻找原因。”李峰懂得一些化学知识，他决定亲自侦查此事。

循着小河，李峰一直往上游行走。不久，他发现上游新开了一家矿石厂。李峰认为矿石厂就是罪魁祸首，但奇怪的是，矿石厂并没有排污水管，所以李峰暂时排除了矿石厂的嫌疑。

于是，李峰又猜测是其他的厂矿排污，但通过调查也没有发现异常。最后，他不得不把目光再次锁定矿石厂。经过几番周密的侦查，他发现矿石厂通过埋设地下暗管的方式排放污水。

有了十分的把握之后，李峰和乡亲们又一次来到乡政府，向环保主管部门反映情况。

“我们会抽时间尽快调查，你们先回去。”没想到的是，乡政府的态度仍然没有改变，总以种种忙碌为由，推脱职责。

没办法，村民们只得自行组织了几个人来到矿石厂，与矿石厂老板协商解决“牛奶河”事件。

“我们厂是有营业执照的，而且还是乡政府盖的章，经过批准的。你说我们造成了污染，有证据吗？”老板大着嗓门，一副天不怕地不怕的样子。

“我们已经找到你违规排污的暗管。”李峰和舅舅拿出拍摄到的照片。

“这事，我们会进一步做整改，你们放心离开吧。”老板的态度来了个大转弯。

大家满以为情况会得到好转。可几天过去了，小河里的“牛奶”一点儿也没有少。

无奈之下，李峰和乡亲们又去找矿石厂老板协商。

“老板外出开会，过几天才能回来。”门卫把大家挡在外面。

由于有了证据，李峰认为再去找乡政府，可能情况会得到改观，可当他们再一次去乡政府时，也吃了和在矿石厂处一样的“闭门羹”。

几经周折，“牛奶河”的事件毫无改观。李峰灵机一动，把“牛奶河”事件配上照片带回市里，向市级环保主管部门申请维权。

“谢谢你提供了这么重要的线索，我们马上处理。”市级环保主管部门的工作人员和蔼地说。

“《环境保护法》第六十三条第三项规定，企业事业单位和其他生产经营者通过暗管、渗井、渗坑、灌注或者篡改、伪造监测数据，或者不正常运行防治污染设施等逃避监管的方式违法排放污染物，尚不构成犯罪的，除依照有关法律、法规规定予以处罚外，由县级以上人民政府环境保护主管部门或者其他有关部门将案件移送公安机关，对其直接负责的主管人员和其他直接责任人员，处10日以上15日以下拘留；情节较轻的，处5日以上10日以下拘留。"经过调查核实，市级环保主管部门的工作人员很快确认了"牛奶河"的真实性，勒令矿石厂停产整顿，并将老板移交公安机关。

"其实，那些不作为的乡环保主管部门工作人员更可恶。"听到这个结果，李峰心里稍稍心安了一些，但他觉得那些官僚的乡环保主管部门工作人员说什么也应该对此承担一些责任。于是，他打电话向舅舅询问事件的始末。

"《环境保护法》第六十八条第四项规定，地方各级人民政府、县级以上人民政府环境保护主管部门和其他负有环境保护监督管理职责的部门对超标排放污染物、采用逃避监管的方式排放污染物、造成环境事故以及不落实生态保护措施造成生态破坏等行为，发现或者接到举报未及时查处的，对直接负责的主管人员和其他直接责任人员给予记过、记大过或者降级处分；造成严重后果的，给予撤职或者开除处分，其主要负责人应当引咎辞职……"电话里，舅舅的声音显得有些兴奋。

"希望不久之后，我再来舅舅家时，能看到清澈见底的小河。"听到这个消息，李峰美美地想。

（文中人物均为化名）

法律知识链接

《环境保护法》第六十三条第三项规定，企业事业单位和其他生产经营者通过暗管、渗井、渗坑、灌注或者篡改、伪造监测数据，或者不正常运行防治污染设施等逃避监管的方式违法排放污染物，尚不构成犯罪的，除依照有关法律法规规定予以处罚外，由县级以上人民政府环境保护主管部门或者其他有关部门将案件移送公安机关，对其直接负责的主管人员和其他直接责任人员，处 10 日以上 15 日以下拘留；情节较轻的，处 5 日以上 10 日以下拘留。

第六十四条规定，因污染环境和破坏生态造成损害的，应当依照《侵权责任法》（现为民法典侵权责任编）的有关规定承担侵权责任。

第六十八条第四项规定，地方各级人民政府、县级以上人民政府环境保护主管部门和其他负有环境保护监督管理职责的部门对超标排放污染物、采用逃避监管的方式排放污染物、造成环境事故以及不落实生态保护措施造成生态破坏等行为，发现或者接到举报未及时查处的，对直接负责的主管人员和其他直接责任人员给予记过、记大过或者降级处分；造成严重后果的，给予撤职或者开除处分，其主要负责人应当引咎辞职。

本故事中，矿石厂通过暗管，逃避监管、违法排放污染物，理当受罚。乡级环境保护主管部门不作为，也应受罚。

丢失的虫草

快递是在你们这个点丢失的，我要你们赔偿。

您先不要急，我们会调查的。

我们内部系统的保价为4000元，当然要按规定来操作。

明明保价8000元，你们怎么只赔付4000元呢？

可是，那位临时工作人员已经离职。

可是当天，那位姐姐当班，我明明保价8000元。

如果你们不履行赔偿，我就起诉你们。

二姨身子弱，需要虫草滋补，但她又怕买到假货。王霞家住在西藏，那里盛产虫草，能买到真货，所以母亲买了些虫草，让王霞快递给二姨。然而，一个多月过去了，二姨也没有收到虫草。明明虫草已寄出，为何二姨没收到？王霞怀疑自己寄快递时写错地址，拿出快递底单查看，结果发现地址没错。

母亲怀疑王霞把二姨的电话号码留错，于是仔细查看，也没错。紧接着，母女俩把底单上的所有信息仔仔细细查看了一遍，结果也未发现异常。

“莫非物流点没有把虫草寄出？”王霞想起当时在物流点寄虫草时，寄快递的人很多，便猜想工作人员可能不小心漏掉了虫草也说不定。为了查明物流点是否存在遗留现象，王霞和母亲上网查单，结果发现快递在当天就已经寄出。通过查单追踪，她们还发现虫草早在半个月之前就已经寄达二姨所在地的快递物流点。

王霞心想，既然快递已经到达二姨那边，查找起来应该很方便。于是，她一个电话打到二姨家，让二姨去当地的快递点询问。遗憾的是，当地物流点的工作人员对二姨的虫草下落一问三不知。

“快递是在你们这个点丢失的，我要你们赔偿。”二姨不依不饶。“你别吵，我们帮你找找。”物流点的工作人员态度还算是不错。可是，好几天过去了，物流点的工作人员也没能给出结果。

二姨再要求物流点赔偿，物流点的工作人员就让二姨拿出证据。二姨打电话告诉王霞，王霞仅能提供网上追踪的快递单号。

“这仅仅能证明快递到了这边，但不能证明就是我们物流点签收了。”二姨那边物流点的工作人员提供了半个月以来所有签收的快递单，可里面就是没有王霞寄出的虫草快递。

“反正快递就是在你们这个物流点丢失的，你们得负责任。”二姨说。

“我们这个物流点的人员很多，也很杂。除了工作人员外，还有一些顺路的顾客亲自来领取快递，当上面的快递发过来的时候，还真不能排除被冒签、被冒领的可能……”由于物流点管理涣散，工作场地也很简陋，没有安装监控设备，所以查找起来可谓难上加难。

二姨细细一想，也在理。

“看来，快递的虫草已经丢失。你问问你侄女儿，寄给你的快递保价没有。如果保价的话，还可以按保价索赔。”二姨那边物流点的工作人员见二姨心急如焚的样子，便给她支了一个招。

为了把损失降到最小，二姨一个电话打给王霞，原原本本地把快递保价的事儿告诉了她。

为了尽快重新给二姨购买虫草，王霞和母亲拿着快递单及所寄物品的发票等单据，要求物流点按保价标准赔偿。

工作人员看了看王霞母女的快递保价单，表示可以按照物流公司的相关规定赔偿，但他们赔偿的金额却减少了一半。

“明明保价 8000 元，你们怎么只赔付 4000 元呢？”王霞一看，立马觉出不对劲，赶紧问。

“我们内部系统的保价为 4000 元，当然要按规定来操作。”工作人员一本正经地说。

“可是当天，那位姐姐当班，我明明保价 8000 元。”王霞说。

“是这样吗？”工作人员诧异地问。王霞点点头，拿出自己的保价单等相关单据，让工作人员看清楚。

“我们查查看。”工作人员让王霞等等。经过一番调查，发现王霞的保价的确为 8000 元，而当天保价的那位姐姐是临时代班的，她为了一己私利，私自截留了王霞的保价费。

“事情已经弄明白，那么就按照 8000 元的保价赔偿。”王霞松了一口气。

“可是，那位临时工作人员已经离职。所以这事儿，难办……除非，你们能找到当时帮你办理保价的那位姐姐。”工作人员面露难色。

人海茫茫，到哪儿去找一位离职的快递员？王霞母女没想到事情竟然如此一波三折，心里越想越不是滋味儿。

回家途中，王霞母女遇到邻居王爷爷。王爷爷以前是检察官，懂得很多法律。王霞灵机一动，把虫草丢失的事儿告诉了他。

“《保险法》第一百一十六条第七项规定，保险公司及其工作人员在保险业务活动中不得挪用、截留、侵占保险费。第一百三十一条第六项、第七项分别规定，保险代理人、保险经纪人及其从业人员在办理保险业务活动中不得伪造、擅自变更保险合同，或者为保险合同当事人提供虚假证明材料；不得挪用、截留、侵占保险费或者保险金。”王爷爷认为，虽然当时的工作人员已经离职，但损失是在物流点发生的，所以可以向物流点提出索赔。

“可是，为我办理快递的那位姐姐已经辞职。”王霞有些信心不足。

“《保险法》第一百六十五条规定，保险代理机构、保险经纪人有本法第一百三十一条规定行为之一的，由保险监督管理机构责令改正，处5万元以上30万元以下的罚款；情节严重的，吊销业务许可证。”王爷爷不是危言耸听。

“如果你们不履行赔偿，我就起诉你们。”听了王爷爷的话，王霞就像吃了一颗定心丸。她和母亲正式向快递物流公司提交一份书面维权申请。

这次，快递物流的工作人员不敢怠慢，立即向快递公司上级汇报。很快，王霞获得了相应的赔偿。

“懂法真好。”王霞在心里暗暗说。

（文中人物均为化名）

法律知识链接

《保险法》第一百一十六条第七项规定，保险公司及其工作人员在保险业务活动中不得挪用、截留、侵占保险费。第一百三十一条第六项、第七项分别规定，保险代理人、保险经纪人及其从业人员在办理保险业务活动中不得伪造、擅自变更保险合同，或者为保险合同当事人提供虚假证明材料；不得挪用、截留、侵占保险费或者保险金。

第一百六十五条规定，保险代理机构、保险经纪人有本法第一百三十一条规定行为之一的，由保险监督管理机构责令改正，处5万元以上30万元以下的罚款；情节严重的，吊销业务许可证。

本故事中，王霞在物流点快递虫草，并保价8000元。在办理保险业务过程中，物流点的工作人员利用职务之便，截留保险金、擅自变更保险合同，其行为违反了《保险法》的相关条文，虽然当事人已经离职，但该行为应当属于快递机构的行为，故王霞维权成功。

24. 被开除的苏丽

小东，你不是毕业了吗？难道你也来这里上学？
是呀，我复读，上高三（七）班。
你来干什么？
不是说学校撤销了班额的限制吗？
那是对成绩好的学生而言，你已经被开除了，就别动这份心思了。
学校应当尊重未成年学生的受教育权，不得违反法律和国家规定开除未成年学生。
其实，我们状告学校，也是迫不得已啊。

新学期开学了，高三学生苏丽像往常一样，高高兴兴地去报到。令她没想到的是，班主任肖老师遗憾地告诉她，高三（七）班的班额已满，不能再收她入班。苏丽的成绩不好，但她喜欢校园生活，喜欢和同学们在一起的那种感觉。她不明白为什么好端端的，突然班额就满了。

苏丽询问老师缘由，老师冷冰冰地告诉她，这学期学校有了新规定，高三年级每个班不得超过 50 人。由于苏丽所在的班级有 55 名学生，所以她不得不按照学号录取学生入班，而苏丽的学号排在后面，所以理所当然不能入学。

苏丽清楚地记得她的学号明明在十几名，想不明白为什么被“刷”了下来。她于是问班主任。班主任拿出一张新的学号表，告诉苏丽，这学期学校重新给学生们编排了学号，苏丽被排在 51 号，不能入学。

“我觉得你现在最重要的问题不是弄清楚学号，而是应该积极寻找新的学校，以便转学。”班主任肖老师一本正经地说。

苏丽一听，觉得有道理，于是回家和父母商量。父母都是本分的农民，老师怎么说，他们就怎么做。可是，苏丽一连去了几所学校，人家要么要进行摸底考试，要么让她把以往的成绩拿出来看，要么以不在学区范围内等种种借口，拒绝她入学。

一连几天，苏丽连连碰壁。她不想休学，可又能怎么办呢？

一筹莫展的苏丽徘徊在熟悉的上学路上，她看着同学们高高兴兴上下学，心里很不是滋味。苏丽是多么想走进校门，和大家一起学习呀。

突然，一个熟悉的身影出现在路口。

“小东，你不是毕业了吗？难道你也来这里上学？”苏丽看清那个身影是小东。小东是张阿姨的侄子，也是苏丽多年以前的邻居。苏丽记得他去年就已经毕业了，不敢相信他还会来这里上学。苏丽似信非信，迎上前想要看个究竟。

“是呀，我复读，上高三（七）班。”小东淡定地回答。

“七班？你确定？！”苏丽一惊，那明明就是自己上的那个班。而且当时班主任明明就已经说过班额已满，她简直不敢相信自己的耳朵。

“我刚来两天，一起来的还有几位同学呢。”小东说完就离开了。

“看来，学校撤销了班额的规定。”听了小东的话，苏丽首先想到的是自己也将有机会进入原来的班级就读。她一想到又可以和同学们在一起，心里就感到特别的温暖。

第二天，苏丽收拾好学习用具，早早地来到学校。班主任肖老师一见到她，立马变了一个脸色，质问她来干什么？

“我是来上学的。”苏丽也不生气，她对肖老师怯生生地说。

“上学？谁让你来的。”肖老师有些生气。

“不是说学校撤销了班额的限制吗？”苏丽一脸疑惑，她已经把自己当成班里的一员了。

“那是对成绩好的学生而言，你已经被开除了，就别动这份心思了。”肖老师一脸的不屑。

结果，苏丽被“请”出校门。

“小东可以来，为什么我却不能？”对此，苏丽很是沮丧。

“我们也被开除了。”在校门外，苏丽见到了几位和她遭遇相同的校友。原来，学校为了提高升学率，以各种理由把成绩不好的同学赶回家，又接收一部分高中毕业生，编入高三年级复读。

为了就读，苏丽和几位同学找到学校领导，要求解决读书问题。

“你们成绩太差，不如去读职业学校。”教导主任给大家介绍一条新路，叫他们去上职业学校。

“是一条出路，但我们说什么也要经历一下高考。”其实，最令苏丽想不通的是由于成绩差而受到的歧视。苏丽和同学们的要求，再次被学校领导拒绝。

为此，苏丽和几个同学联合起来，把学校的这种做法告到了教育局。

“《未成年人保护法》第二十八条规定，学校应当保障未成年学生受教育的权利，不得违反国家规定开除、变相开除未成年学生。第二十九条规定，学校应当关心、爱护未成年学生，不得因家庭、身体、心理、学习能力等情况歧视学生。对家庭困难、身心有障碍的学生，应当提供关爱；对行为异常、学习有困难的学生，应当耐心帮助。因此，学校应当停止侵害，召回被赶走的学生，并给这些学生进行补课。如果有关人员坚持不改，将面临行政处分。”很快，教育局出面，让学校妥善解决了苏丽和同学们的就读问题。

“其实，我们状告学校，也是迫不得已啊。”苏丽叹道。

（文中人物均为化名）

法律知识链接

《未成年人保护法》第二十八条规定，学校应当保障未成年学生受教育的权利，不得违反国家规定开除、变相开除未成年学生。

《未成年人保护法》第二十九条规定，学校应当关心、爱护未成年学生，不得因家庭、身体、心理、学习能力等情况歧视学生。对家庭困难、身心有障碍的学生，应当提供关爱；对行为异常、学习有困难的学生，应当耐心帮助。

本故事中，学校为了片面地追求升学率，对待学习有困难的学生不是耐心地教育、帮助，而是将其停学、开除，这种做法是错误的，对这些学生的身心发展有极大害处。开除成绩不好的学生的行为，很显然是违反法律规定的。故有关教育行政部门应该勒令学校停止侵害，召回被赶走的学生，并给这些学生进行补课。

25. 藏在肥肠里的“亮珠”

这是什么？
是不是你这臭小子扔进锅里的！
呜哇哇哇哇
这是汞中毒。
肥肠店老板怎么可能让儿子玩有毒的玩具。有蹊跷。
如此说来，肥肠里藏有重金属汞，理当适用《食品安全法》。
看来，我必须将他诉诸法律，将维权进行到底！

2016年的国庆长假，西南某小城举办食品展销会，各色美食“齐聚一堂”，叫卖声此起彼伏。高二学生毛利和母亲来到一家特色肥肠馆吃肥肠。他刚吃了几口，突然一团银白色的物体从嘴里流出。物体落到盘子里，变成了一颗颗又亮又圆的小珠子。顿时，毛利傻了眼……

“这是什么？”毛利和母亲叫来店主，询问情况。

店主见状，赶忙用毛巾裹起盘子里的亮珠，轻描淡写地说，那可能是自家小孩淘气，把玩具落在了肥肠锅里。

对此，毛利和母亲半信半疑。

为了证明自己所言属实，店主把4岁的儿子叫到毛利母子面前。他作出一副凶凶的模样，向儿子询问亮珠的来龙去脉。店主的儿子见平时和蔼可亲的爸爸突然变得这么凶，哇的一声哭了起来。

毛利和母亲不希望为了几颗小小的珠子，让店主对一个小孩大动干戈，便不再追究此事。店家识趣地重新端来一盘肥肠，以表示歉意。

毛利母子也没多想，继续吃肥肠。回家途中，母子俩分别出现了不同程度的腹痛，并住进了医院。

通过一番仔细的检查，医生告诉他们这是急性汞中毒的症状。母子俩一听，很是纳闷。

“仔细回忆一下，你们今天遇到过什么奇怪的事？”医生问。

经过医生这么一提醒，毛利和母亲立即回想起在肥肠馆里见到的亮珠，于是如实把事件的经过告诉了医生。

“汞是唯一在常温下呈液态并易流动的金属，外表似银珠，剧毒，可通过呼吸道、皮肤或消化道等不同途径侵入人体。大剂量的汞蒸气吸入会引起急性汞中毒。”医生恍然大悟，说那些亮珠其实就是汞。

“店主怎么可能让自己的儿子把有毒的汞珠当玩具？”毛利觉得事有蹊跷，决定弄个水落石出。

两天后，毛利和母亲康复出院。为了不让毒汞肥肠继续危害消费者，毛利立即去了那家肥肠馆。

“那些小球球是爸爸弄进锅里的，不是我！”店家的儿子见毛利回来，竭力要证明自己的“清白”。

毛利没想到店主竟是故意毒害人，于是拿出电话准备报警。

“我只是用汞清洗肥肠里的污物，并不是故意投毒……你们母子俩的损失我赔。而且一赔三！”原来，汞能快速清除肥肠中的污物。店主为了方便，用汞灌洗肥肠，而后又只经过简单的冲洗，这才导致肥肠中还有汞的残留物。他见毛利要报警，意识到事态的严重性，赶紧拿出一沓钱，要私了。

“按律也只能一赔三。”毛利犹豫之时，店主赶紧拿出一本法律书，“《消费者权益保护法》第五十五条第一款规定，经营者提供商品或者服务有欺诈行为的，应当按照消费者的要求增加赔偿其受到的损失，增加赔偿的金额为消费者购买商品的价款或者接受服务的费用的三倍。”

“既然法律也这样规定，只要你不再危害别人，我也不为难你。”毛利一琢磨，觉得只要店主改邪归正，就不必再追究。不过，他总觉得有些不妥，但却说不清哪里不对劲。

长假结束，毛利回校，把自己的遭遇告诉同学，希望大家擦亮眼睛，别上当。

“你应该让他一赔十。”同学们一听，都显得愤愤不平。

“按律，也应该一赔十。”老师听见大家的议论，也补上一句。

毛利惊诧。

“2015 年 10 月 1 日起实施的《食品安全法》第一百四十八条规定，消费者因不符合食品安全标准的食品受到损害的，可以向经营者要求赔偿损失……还可以向生产者或者经营者要求支付价款十倍或者损失三倍的赔偿金；增加赔偿金额不足 1000 元的，为 1000 元……”老师笑着说。

“看来，店主早就知道《食品安全法》，才主动一赔三。不过，怎么两部法律不一样呢？”毛利明白了店主主动一赔三背后的秘密。

“《消费者权益保护法》适用于除食品安全领域以外的所有消费者权益纠纷，而《食品安全法》仅适用于与食品安全相关的消费者权益纠纷。《食品安全法》第二十六条第一项规定，食品、食品添加剂、食品相关产品中的致病性微生物，农药残留、兽药残留、生物毒素、重金属等污染物质以及其他危害人体健康物质的限量规定，属于食品安全标准应当包括的内容……"老师耐心地解释说。

"如此说来，肥肠里藏重金属汞，理当适用《食品安全法》。看来，我必须将他诉诸法律，将维权进行到底！"毛利坚定地看着远方。

（文中人物均为化名）

法律知识链接

《食品安全法》第一百四十八条规定，消费者因不符合食品安全标准的食品受到损害的，可以向经营者要求赔偿损失，也可以向生产者要求赔偿损失……还可以向生产者或者经营者要求支付价款十倍或者损失三倍的赔偿金……

《消费者权益保护法》第五十五条第一款规定，经营者提供商品或者服务有欺诈行为的，应当按照消费者的要求增加赔偿其受到的损失，增加赔偿的金额为消费者购买商品的价款或者接受服务的费用的三倍……

本故事中，毛利母子消费肥肠遭遇重金属汞中毒，属于"食品不符合食品安全标准"的与食品相关的消费者权益纠纷，故可按照《食品安全法》，要求商家一赔十。

图书在版编目(CIP)数据

5分钟法律故事. 青少年维权篇 / 代晓琴著. —2版.
—北京：中国法制出版社，2020.11
（法律故事书系列）
ISBN 978-7-5216-1378-0

Ⅰ.①5… Ⅱ.①代… Ⅲ.①法律－中国－青少年读物
Ⅳ.①D920.5

中国版本图书馆CIP数据核字（2020）第201466号

策划编辑：戴　蕊（dora6322@sina.com）
责任编辑：程　思　　封面设计：李　宁

5 分钟法律故事. 青少年维权篇
5 FENZHONG FALÜ GUSHI. QINGSHAONIAN WEIQUANPIAN
著者 / 代晓琴
经销 / 新华书店
印刷 / 三河市紫恒印装有限公司
开本 / 880毫米 × 1230毫米　32开　　印张 / 4.875　字数 / 88千
版次 / 2020年11月第2版　　2020年11月第1次印刷

中国法制出版社出版
书号 ISBN 978-7-5216-1378-0　　定价：25.00 元

北京西单横二条2号　　值班电话：010-66026508
邮政编码100031　　传真：010-66031119
网址：http://www.zgfzs.com　　编辑部电话：010-66066620
市场营销部电话：010-66033393　　邮购部电话：010-66033288
（如有印装质量问题，请与本社编务印务管理部联系调换。电话：010-66032926）